Sven-David Müller
Christiane Weißenberger

Das große Gicht-Kochbuch

Sven-David Müller • Christiane Weißenberger

Das große Gicht-Kochbuch

- Über 120 Rezepte für die ganze Familie mit Nährwert- und Harnsäureangaben
- Die wichtigsten Ernährungsgrundsätze bei Gicht

humboldt

Bibliografische Information der Deutschen Natio nalbibliothek
Die Deutsche Nationalbibliothek verzeichnet diese Publikation in der Deutschen Nationalbibliografie; detaillierte bibliografische Daten sind im Internet über http://dnb.ddb.de abrufbar.

ISBN 978-3-8426-2950-9 (Print)
ISBN 978-3-8426-2951-6 (PDF)
ISBN 978-3-8426-2952-3 (EPUB)

Fotos:

Fotolia.com: Olga Lyubkina: 5 (oben links), 147; Leonid Nyshko: 5 (oben rechts); Alexstar: 5 (unten links); Werner Stapelfeldt: 5 (unten rechts), 108; Dusan Zidar: 18; Gandolf: 25; Rimglow: 28; Vitalina Rybakova: 30; Ovidiu Iordachi: 34; Leonid Nyshko: 37; GuS: 38; Inga Nielsen: 39; Ahmad Affzan: 42; ivan kmit: 47; Robert Redelowski: 51; Ostromec: 60; Anette Linnea Rasmussen: 57; Sandra Caldwell: 62; Arnaud Weisser: 64; Joss: 66; Teamarbeit: 68; Andrzej Bardyszewski: 70; felinda: 73, 77, 95, 106; Birgit Reitz-Hofmann: 74; emer: 75; dinostock: 80; skrip: 85; eyewave: 88; imageteam: 89; Svenja98: 93; Monika Adamczyk: 94, 102; Uckyo: 99; Barbara Pheby: 103; HLPhoto: 105; Yasonya: 109; Tomboy2290: 110; unpict: 113; victoria p.: 116; Valua Vitaly 132; Denis Dryashkin: 136; Tomkai: 140; Liv Friis-larsen: 141; Yasonya: 148; Ulrike S. Hardberck: 149; Aga & Miko Materne: 150; Jörg Beuge: 151; Mache: 153; eyewave: 156; Swetlana Wall: 157; Silvia Bogdanski: 163; Robyn Mackenzie: 176 (links); Christian Jung: 177; syl666: 176 (rechts); Igor Dutina: 178
iStockphoto.com: GMVozd: 17; Floortje: 19; Mbbirdy: 24; Peter Garbet: 27; Alkimson: 35; Kivoart: 41; Tatyana Nyshko: 48; Pkkokkz: 56; Daniel Gilbey: 59; maria bacarella: 61; beti gorse: 65; stockstudioX: 81; Christian Jung: 82; Roman Ivaschenko: 84; Ionescu Bogdan Cristian: 87; ALEAIMAGE: 92; Monika Adamczyk: 101; Gustavo Andrade: 104; Barbara Dudzi ńska: 115; Andrjuss Soldatovs: 120; eli_asenova: 127; Carla Guastella: 144; Magdalena Kucova: 155; sf_foodphoto: 167; kdow: 171; Barbara Pheby: 174; Guangyu Cai: 184
MEV: 69, 76, 112, 152, 169, 180
Stock.adobe.com: HandmadePictures:20; Evgenija: 21; amnadbumrungvong: 22; Vitalina Rybakova; 40; Tomo Jesenicnik: 46; Melima: 53; Ruslan Mitin: 54
Ingo Wandmacher: 5 (rechts 2. und 3. von oben), 23, 26, 29, 30, 31, 32, 33, 45, 49, 55, 63, 67, 78, 79, 83, 86, 91, 97, 111, 114, 117, 119, 123, 125, 133, 135, 137, 139, 143, 145, 161, 162, 165, 168, 173, 175, 179, 181, 183, 185

5. Auflage

Die Ratgebermarke der Schlütersche Fachmedien GmbH
Hans-Böckler-Allee 7, 30173 Hannover
www.humboldt.de
www.schluetersche.de

Aus Gründen der besseren Lesbarkeit wurde in diesem Buch die männliche Form gewählt, nichtsdestoweniger beziehen sich Personenbezeichnungen gleichermaßen auf Angehörige des männlichen und weiblichen Geschlechts sowie auf Menschen, die sich keinem Geschlecht zugehörig fühlen.
Autoren und Verlag haben dieses Buch sorgfältig erstellt und geprüft. Für eventuelle Fehler kann dennoch keine Gewähr übernommen werden. Weder die Autoren noch der Verlag können für eventuelle Nachteile oder Schäden, die aus den im Buch vorgestellten Rezepten, Behandlungsmöglichkeiten und praktischen Hinweisen resultieren, eine Haftung übernehmen.

Layout: Schlütersche Verlagsgesellschaft mbH & Co. KG
Covergestaltung: Kerker und Baum, Hannover
Covermotiv: Mauritius Images
Satz: Die Feder · Werbeagentur GmbH, Wetzlar
Druck und Bindung: Neografia, Martin-Priekopa, Slowakei

Inhalt

Vorwort

Liebe Leserin, lieber Leser,

was hatten Alexander der Große, Michelangelo, der Sonnenkönig Ludwig XIV., Kaiser Karl der Große, Johann Wolfgang von Goethe, Charles Darwin und Winston Churchill gemeinsam? Alle litten an Gicht. Bereits dem griechischen Arzt Hippokrates (um 460–380 v. Chr.) und Paracelsus, dem berühmten Medizinkritiker des 16. Jahrhunderts, war die Gicht bekannt.

Gicht galt früher als eine Erkrankung der Reichen. Das ist heute nicht mehr der Fall, allerdings tritt sie häufiger in Ländern mit einem höheren Lebensstandard auf. Heute wissen wir, dass bei der Entstehung von Gicht genetische Faktoren eine Rolle spielen. Ob und in welchem Ausmaß diese Stoffwechselkrankheit ausbricht, hängt jedoch in erster Linie davon, was Sie essen, und von Ihrer allgemeinen Lebensführung ab. So zählen ein hoher Fleischkonsum und zu viel Alkohol zu den wichtigsten Risikofaktoren. Das bedeutet aber umgekehrt, dass Sie den Verlauf dieser Krankheit selbst ganz wesentlich steuern können – und das ist doch eine gute Nachricht!

Welche Lebensmittel Sie vermeiden und welche in Zukunft bevorzugen sollten, erklären wir Ihnen im Theorieteil dieses Buches. Mehr als 120 leckere und alltagstaugliche Rezepte beweisen Ihnen im Rezeptteil, dass Gicht nichts mit Verzicht zu tun hat! Alle Rezepte enthalten Angaben zum Puingehalt, so können Sie Ihre tägliche Aufnahme von Harnsäure gut steuern.

Wir sind seit zwanzig Jahren in der Beratung und Schulung von Menschen mit Stoffwechselkrankheiten tätig und haben in dieser Zeit viele Erfahrungen mit Hyperurikämie und Gicht gesammelt. Wir freuen uns, wenn unsere Kenntnisse, Rezepte, Tipps und Tricks Ihnen bei der Bewältigung Ihrer Erkrankung helfen.

Herzliche Grüße

Sven-David Müller

Christiane Weißenberger

Gicht – das sollten Sie wissen

Eine Krankheit mit Geschichte

Laut der Deutschen Gicht-Liga haben über drei Prozent der Deutschen im Alter zwischen 30 und 59 Jahren Gicht. Von erhöhten Harnsäurewerten im Blut, medizinisch Hyperurikämie genannt, sind 20 Prozent der westlichen Bevölkerung betroffen. Gicht wird häufig als Wohlstandskrankheit bezeichnet, da sie insbesondere durch ungesundes und reichliches Essen ausgelöst wird. Die richtige Ernährungsweise ist folglich Grundlage jeder Behandlung und kann durch keine Medikamente ersetzt werden – die gute Nachricht lautet aber: Eine „Gicht-Diät" hilft in vielen Fällen, auf Medikamente zu verzichten.

Vermutlich ist die Geschichte der Gicht so alt wie die Geschichte der Menschheit selbst. Der Begriff Gicht stammt wahrscheinlich aus der Volksmedizin des 12. Jahrhunderts, im Altangelsächsischen bezeichnete das Wort *ghida* den Körperschmerz.

Über viele Jahrhunderte war die Gicht eine typische Krankheit der Reichen. In kargen Kriegszeiten waren Gichterkrankungen selten, denn es gab kaum Fleisch und Alkohol. Dass Gichtanfälle überhaupt in Hungerzeiten auftreten, zeigt jedoch, dass die Erkrankung auch erblich bedingt sein kann. Ein angeborener Enzymdefekt ist dabei sehr selten, die häufigste erbliche Ursache ist eine Stoffwechselstörung. Als ernährungsbedingte Ursachen sind eine purinreiche Ernährung (dazu lesen Sie später mehr), hoher Alkoholkonsum, Überernährung und Übergewicht zu nennen.

Wie entsteht Gicht?

Bei der Gicht sind also die Harnsäurewerte im Blut erhöht. Der normale Spiegel der Harnsäure liegt beim Erwachsenen zwischen 3,0 und 6,0 mg/dl (Milligramm pro Deziliter Blut). Liegen die Werte darüber, sprechen die Ärzte von einer Hyperurikämie, also einem Zuviel an Harnsäure.

Ursache für die Hyperurikämie sind die Purine, kleine chemische Verbindungen, die wir bevorzugt über die Nahrung aufnehmen. Besonders Innereien, Fleisch, Wurst, Fisch, Meeresfrüchte und Hefe sind purinreich, aber auch beim Abbau von Zellen fallen Purine im Organismus an. Darüber hinaus sterben viele Körperzellen etwa beim Fasten oder bei einer zu raschen Gewichtsabnahme ab. Auch bei einer Bestrahlung oder Chemotherapie werden viele Zellen zerstört, deren Purine dann freigesetzt werden und im Blut landen.

Egal, ob die Purine mit der Nahrung in Ihren Körper gelangen oder ob sie durch den Abbau von Körperzellen entstehen: Sie werden im Körper in Harnsäure umgewandelt. Die überschüssige Harnsäure wird zu 80 Prozent über die Nieren und den Harn ausgeschieden, zu etwa 20 Prozent über den Darm. Dafür muss sich die Harnsäure allerdings in einer löslichen Form befinden. Diese Löslichkeit hat eine Obergrenze von 6,0 mg/dl Blut. Liegt die Konzentration an Harnsäure höher, weil über die Nieren und den Darm dauerhaft weniger Harnsäure ausgeschieden als im Körper produziert wird, kristallisiert sie zu sogenannten Uratkristallen aus.

Mit der Zeit entstehen an den Stellen größere Ansammlungen an Harnsäurekristallen. Die Kristalle entstehen vorwiegend in Gelenken und gelenknahen Geweben, können aber auch als Tophi beispielsweise in der Ohrmuschel auftreten. Diese Gichtknoten können bis zu einem Zentimeter groß werden und sind in der Regel nicht schmerzhaft. Sie sind immer ein Alarmzeichen einer nicht oder schlecht behandelten Gicht, die sofort behandelt werden sollte!

Häufig betroffene Gelenke

Tophi treten an diesen Gelenken am häufigsten auf:
Großzehengrundgelenk: 60 %
Sprunggelenk: 14 %
Knie: 6 %
Fußweichteile und übrige Zehen: 2 %

Harnsäure: der Schlüsselparameter

Harnsäure ist eine biochemische Substanz, die beim Abbau von Eiweißstoffen aus der DNA, also der Erbsubstanz in den Zellkernen, entsteht. Ein vermehrter Abbau fällt an, wenn wir purinhaltige Lebensmittel zu uns nehmen. Auch im Blut können die Harnsäurewerte ansteigen, wenn ihre Ausscheidung beeinträchtigt ist, etwa bei stärkerem Alkoholkonsum, durch die Einnahme bestimmter Medikamente oder bei Nierenstörungen. Wie viel Harnsäure sich im Körper befindet, hängt vom Alter, vom Geschlecht und - wie schon erwähnt - von der Ernährung jedes Menschen ab. Bei zu viel Harnsäure im Blut, also einer Hyperurikämie, kann diese in Form von Harnsäurekristallen ausfallen. Wenn Kristalle das Gelenk reizen, spricht man von einem Gichtanfall.

Harnsäurewerte

Die Normwerte für den Harnsäurespiegel im Blutbild sehen folgendermaßen aus:
Männer:
Untergrenze: 3,6 mg/dl
Obergrenze: 8,2 mg/dl
Frauen:
Untergrenze: 2,3 mg/dl
Obergrenze: 6,1 mg/dl

Eine Hyperurikämie liegt vor, wenn die Harnsäurewerte im Blut bei Männern über 6,4 mg/dl und bei Frauen über 6,0 mg/dl steigen. Dann kann die Harnsäure als Harnsäurekristalle ausfallen.

Die Formen der Gicht

Primäre Gicht – angeborene Störung

Die erblich bedingte primäre Gicht betrifft 98 bis 99 Prozent der Betroffenen. Es ist also eine Veranlagung vorhanden, und die Gicht wird dann meist durch eine falsche Ernährung ausgelöst. Bei 80 Prozent ist eine gestörte Harnsäureausscheidung durch die Niere die Ursache dafür, dass die Harnsäurekonzentration im Blut allmählich ansteigt, bis der Wert eine kritische Grenze erreicht. Bei etwa 20 Prozent der Betroffenen geht dieser Anstieg auf eine vermehrte Harnsäurebildung aus Purinen infolge eines erblichen Enzymdefekts zurück.

Sekundäre Gicht – erworbene Störung

Die sehr viel seltenere sekundäre Gicht entsteht infolge anderer Erkrankungen oder durch Medikamente. Beispielsweise können Blutarmut, Nierenerkrankungen oder Diabetes Typ 2 dazu führen, dass die

Nieren weniger Harnsäure ausscheiden, sodass die Konzentration im Blut steigt. Eine sekundäre Gicht kann sich aber auch entwickeln, wenn viele körpereigene Zellen absterben – etwa bei Leukämie –, sodass sich im Körper viele Purine bilden. Auch starkes Übergewicht, Alkoholkonsum und manche Medikamente können eine Gicht begünstigen. Ebenso kann plötzliches Fasten einen Gichtanfall auslösen.

Die vier Stadien der Gicht

Eine Gicht verläuft im Allgemeinen in mehreren Schritten und lässt sich in vier Stadien aufteilen:

Stadium 1: Der Harnsäurespiegel im Blut ist messbar erhöht. Symptome treten in diesem Stadium meist noch nicht auf.

Stadium 2: Es treten die ersten Gichtanfälle auf. Das heißt, die Harnsäure ist zu den nadelspitzen Kristallen auskristallisiert, die das Immunsystem anfachen und zu akuten Entzündungsreaktionen sowie Schmerzen an den Gelenken führen.

Stadium 3: Dieses Stadium stellt die Intervalle dar, in denen sich die Gichtanfälle ereignen. In der Fachsprache werden sie auch als interkritische Phase bezeichnet, die in der Regel von Symptomfreiheit gekennzeichnet ist.

Stadium 4: In diesem letzten Stadium spricht man von chronischer Gicht. Hier lassen sich häufig bereits Deformierungen an den Gelenken erkennen, die mit schmerzhaften Bewegungseinschränkungen einhergehen. Zusätzlich können durch die starke Harnsäurebelastung Nierenfunktionsstörungen vorhanden sein.

Der Gichtanfall

Gicht entwickeln sich etwa 20 Jahre lang still. Der Krankheitsausbruch erfolgt beim Mann meist zwischen dem 45. bis 60. Lebensjahr in Form eines schmerzhaften Gichtanfalls. Die „östrogengeschützte" Frau hingegen muss mit einem Ausbruch der Erkrankung in der Regel frühestens mit 65 Jahren rechnen. Bis zu den Wechseljahren ist sie besonders gut vor erhöhten Harnsäurewerten und erhöhten Blutfettwerten geschützt. Die ersten Gichtanfälle treten in der Regel in Intervallen von einem halben bis zu einem Jahr auf. Es ist ebenfalls möglich, dass mehrere Jahre zwischen den einzelnen Gichtanfällen vergehen.

Was passiert beim Gichtanfall?

Zu einem akuten Gichtanfall kommt es oft nach schweren Mahlzeiten mit viel Alkohol, denn durch das purinreiche Essen steigt der Harnsäurewert im Blut besonders stark an. Die scharfkantigen Harnsäurekristalle, die sich meistens schon länger in einem Gelenk gesammelt haben, reizen es schließlich so stark, bis es sich entzündet.

Zunächst schwillt das betroffene Gelenk an und schmerzt sehr stark. Es rötet sich entzündlich und wird so prall, dass die Haut glänzend gespannt ist. Durch den Druck, der von der Schwellung und der gespannten Haut ausgeht, wird das entzündete Zehengelenk noch mehr zusammengedrückt und der Schmerz steigert sich. In 60 Prozent aller Fälle ist das Großzehengrundgelenk betroffen.

Auch das Allgemeinbefinden ist beim akuten Gichtanfall stark beeinträchtigt, man fühlt sich richtig krank. Fieber und beschleunigter Puls kommen oft hinzu und in vielen Fällen auch Kopfschmerzen.

Ein akuter Gichtanfall dauert meistens etwa drei Tage lang an. Wenn man schon viele akute Gichtanfälle hatte und sich allmählich der chronischen Gicht nähert, hören die Schmerzen nach den Anfällen nicht mehr vollständig auf.

Hilfen während und nach einem Gichtanfall

Achten Sie auf eine ausreichende Flüssigkeitszufuhr von 1,5 bis 2 Litern in Form von Mineralwasser und Kräutertees. Während des akuten Gichtanfalls sollten Sie, neben der medikamentösen Therapie, eine streng purinarme Kost, die maximal 300 mg Harnsäure enthält, einhalten. Chronisch wird die Gicht dann, wenn sich die Gichtanfälle wiederholen. Das passiert, wenn Sie Ihre Ernährung nicht ändern und sich nur unzureichend oder gar nicht behandelt lassen. Ihre Lebensqualität wird sich mit Einnahme der verordneten Medikamente und der Einhaltung der in diesem Buch vorgestellten Ernährungsweise deutlich verbessern!

Die medikamentöse Therapie

Nicht immer lässt sich Gicht mit einer Ernährungsumstellung und weniger Alkohol in den Griff bekommen. In diesen Fällen kommen die folgenden Medikamente zum Einsatz, die Schmerzen lindern und Gichtanfälle reduzieren:

1. Therapie des akuten Gichtanfalls mittels nicht-steroidalen Antirheumatika (NSAR), Colchicin, Kortisonpräparatne und Interleukin-1-Blockern.
2. Therapie der chronischen Gicht und Regulierung der Harnsäurewerte mittels Medikamenten, die die Ausscheidung von Harnsäure fördern, die Bildung von Harnsäure blockieren und Kombinationspräparaten.

Therapie des akuten Gichtanfalls

Um die starken Schmerzen bei einem akuten Gichtanfall schnell zu lindern, gibt es verschiedene Medikamente:

Nicht-steroidale Antirheumatika: NSAR lindern Schmerzen effektiv und hemmen die Entzündung im betroffenen Gelenk. Wirkstoffe sind z. B. Ibuprofen, Diclofenac oder Indometacin. Letzteres ist das Mittel der Wahl bei einem akuten Gichtanfall, es wirkt relativ zuverlässig gegen die Schmerzen und die Entzündung. Das Nebenwirkungsspektrum der NSAR schränkt ihre Verordnungsfähigkeit ein, trotzdem sind sie bei der Behandlung von Gicht immer noch das Mittel der ersten Wahl. Fragen Sie dennoch Ihren Arzt, ob sie wirklich das geeignete Mittel für Sie sind.

Colchicin: Colchicin wird aus der Herbstzeitlose gewonnen, ist aber kein sanftes Pflanzenheilmittel, sondern muss sorgsam dosiert werden, da es in höheren Dosen giftig wirkt. Zwar wirkt Colchicin sehr gut gegen Gelenkschmerzen, wegen seiner zahlreichen Nebenwirkungen wird es von Ärzten jedoch nur als Medikament zweiter Wahl nach den NSAR eingesetzt.

Kortisonpräparate: Die Einnahme von Kortison ist bei Gicht in der Regel nicht erforderlich. Bei nicht ausreichender Wirksamkeit oder Unverträglichkeiten von NSAR und Colchicin können laut der „Leitlinie Gichtarthritis“ Glukokortikoide bei der Behandlung eines akuten Gichtanfalls das dritte Mittel der Wahl sein. Nebenwirkungen sind bei einer kurzfristigen Einnahme zur Behandlung eines Gichtanfalls nicht zu befürchten.

Interleukin-1-Blocker: Interleukin-1-Blocker wie Canakinumab sind eine neuere

Therapieoption, wenn Sie unter chronischer Gicht leiden, weitere Erkrankungen wie eine schwergradige Niereninsuffizienz aufweisen oder wenn Sie andere Medikamente wie NSAR und Colchicin nicht vertragen oder nehmen dürfen. Nebenwirkung kann Kopfweh sein.

Langzeittherapie

Wenn die akuten Beschwerden eines Gichtanfalls vorüber sind, ist es Zeit, sich Gedanken über die Zukunft zu machen und langfristig Dinge zu ändern, um weitere Gichtanfälle zu verhindern und ein Fortschreiten der Erkrankung aufzuhalten. Die Ernährung steht hier auf der einen Seite, auf der anderen Seite stehen Ihnen zwei Arten von Medikamenten zur Verfügung, die Sie nach Abklingen der akuten Entzündung anwenden dürfen, um Ihre Harnsäurewerte dauerhaft zu senken:

Urikosurika – „Harnsäure-Ausscheider": Diese Arzneimittel unterstützen die Harnsäureausscheidung. Die wichtigsten Wirkstoffe sind Probenecid und Benzbromaron. Nachteil: Urikosurika belasten die Nieren und dürfen bei Erkrankungen der Niere nicht eingenommen werden.

Urikostatika – „Harnsäure-Blocker": Das sind Medikamente, die die Harnsäuresynthese hemmen. Das bedeutet, sie verhindern, dass die mit der Nahrung aufgenommenen Purine zu Harnsäure abgebaut werden. Am häufigsten kommt hier der Wirkstoff Allopurinol zur Anwendung. Urikostatika sind zwar meist gut verträglich, wenn Sie sie jedoch dauerhaft anwenden, können verschiedene Nebenwirkungen auftreten. Daher wird dieser Wirkstoff in der Regel nicht bei einer leichten Hyperurikämie eingesetzt, sondern erst, wenn der Harnsäurewert in der Blutflüssigkeit höher als 8,5 mg/dl liegt. Achtung: Für den akuten Gichtanfall ist Allopurinol nicht geeignet, denn das würde den Anfall verstärken! Zudem kann es vorkommen, dass zu Beginn der Behandlung ein akuter Gichtanfall ausgelöst wird. Ein weiterer Wirkstoff dieser Kategorie ist Febuxostat. Mit seiner Hilfe erreichen mehr Betroffene den Harnsäurezielwert von 6 mg/dl als mit Allopurinol.

Kombinationspräparate: Wenn selbst eine Umstellung auf eine purinarme Ernährung bei Ihnen nicht erfolgreich war, können Kombinationspräparate mit Allopurinol zum Einsatz kommen. Dies trifft bei erhöhten Harnsäurespiegeln als Folge von Erkrankungen wie Nierenschäden, Blutarmut oder der Einnahme von Medikamenten wie Entwässerungsmitteln zu. Kombipräparate haben jedoch den Nachteil, dass Benzbromaron die Ausscheidung von Allopurinol (bzw. seines Zwischenprodukts Oxipurinol) beschleunigt, was wiederum die Wirksamkeit von Allopurinol beeinträchtigt.

Ohne Ernährungsumstellung geht nichts

Die eigentliche Therapie der chronischen Gicht – und damit der Senkung der Harnsäurewerte – besteht jedoch langfristig immer in einer gezielten Ernährungsumstellung und Änderung der Lebensgewohnheiten. Hierzu finden Sie in den folgenden Kapiteln viele wertvolle Tipps und Rezepte.

Gesunde Ernährung – die Grundlage einer erfolgreichen Therapie

Mit einer ausgewogenen, purinarmen Ernährung stehen Ihre Chancen sehr gut, die Gicht in den Griff zu bekommen und einen erneuten Gichtanfall zu verhindern. Die zweite große Stellschraube, an der Sie drehen können, ist Ihr Gewicht. Wie Ihnen die Umstellung auf eine purinarme Ernährung gelingt und wie Sie erfolgreich den überflüssigen Pfunden zu Leibe rücken, erfahren Sie in diesem Kapitel.

Purinarm essen – wie geht das?

Eine Ernährungsumstellung ist der wirksamste und ungefährlichste Weg, um sowohl akute Gichtanfälle als auch eine chronische Gicht zu vermeiden. Ziel einer gesunden Ernährung ist, Ihre Harnsäurewerte unter 6 mg/dl zu halten, damit die Harnsäure im Blut löslich bleibt. Das gelingt, wenn Sie pro Tag mit der Nahrung nicht mehr als 170 mg Purine aufnehmen. Daraus stellt der Körper etwa 400 mg Harnsäure her.

Purine in Lebensmitteln

Um Ihren erhöhten Harnsäurespiegel zu senken, sollten Sie purinreiche Lebensmittel konsequent weglassen. Entfernen Sie außerdem große Mengen an Zucker aus Ihrem Speiseplan. Auch zu viel Alkohol sollte der Vergangenheit angehören, um Gichtanfällen oder Nierensteinkoliken keine Chance zu geben. Letztendlich ist es nicht schwer, eine purinarme Ernährung im Alltag umzusetzen. Am Anfang müssen Sie sich zwar mit ein paar Regeln vertraut machen, aber sobald Sie wissen, wo Sie ansetzen müssen, fangen Sie einfach an.

Purine im Überblick
Um Ihren Zielwert einzuhalten, können Sie mithilfe einer Küchenwaage und einer Lebensmitteltabelle Ihre Tagespurinmengen im Blick behalten. Eine Purintabelle nach Lebensmittel-Kategorien finden Sie z. B. bei gichtinfo.de (www.gichtinfo.de/purintabelle). Es gibt auch verschiedene Apps, z. B. von der Deutschen Gicht-Liga e.V. (www.gichtliga.de/purinrechner).

Purinreiche Lebensmittel

- Fleisch allgemein, Geflügel, Bries, Wild, Innereien, Wurst
- Fisch wie Hering, Sprotte, Sardinen, Makrelen, Lachs und Thunfisch
- Schalen- und Krustentiere
- Kruste von Fleisch, Haut von Fisch und Geflügel
- Geräucherte Fisch- und Fleischwaren
- Hefe und Produkte daraus
- Limonaden, Joghurt und andere Produkte, die mit Fruktose gesüßt sind
- Bier und Spirituosen. Wein in geringen Mengen (ein Glas pro Tag) ist erlaubt

Purinarme Lebensmittel

- Gemüse – auch purinreiche wie Hülsenfrüchte und Spinat sind erlaubt
- Obst in Maßen
- Eier
- Fettarme Milch und Milchprodukte
- Getreideprodukte und -flocken, Nüsse
- Fette und Öle
- Kaffee, Tee, Wasser

Die purinarme Ernährung

Wie gerade beschrieben, gilt die Faustregel: Um Gichtanfälle und ein Fortschreiten der Gicht zu verhindern, müssen Sie die Menge der mit der Nahrung aufgenommenen Purine auf etwa 170 mg begrenzen. Je nachdem, wie hoch Ihre Harnsäurewerte sind und ob Sie die Therapie mit Medikamenten unterstützen, wird Ihnen Ihr Arzt eine purinarme oder eine streng purinarme Kost empfehlen.

Streng purinarme Kost: Eine streng purinarme Kost mit täglich 125 mg Purinen ist nur in besonderen Fällen nötig, etwa wenn Sie keine harnsäuresenkenden Medikamente einnehmen können. Sie dürfen bei der streng purinarmen Kost ein- bis zweimal pro Woche 100 g Fleisch, Wurst und Fisch essen. Tabu sind Innereien, bestimmte Fischsorten, Krustentiere und Hülsenfrüchte. Im Unterschied zur purinarmen Kost sollten Sie Alkohol ganz weglassen.

Purinarme Kost: Bei der purinarmen Kost mit täglich 170 mg Purinen dürfen Sie einmal am Tag maximal 100 g Fleisch, Wurst oder Fisch essen und täglich nicht mehr als ein Glas Wein oder Bier trinken. Innereien, purinreiche Fischsorten, Krustentiere, Hülsenfrüchte und größere Mengen Alkohol sind verboten. Diese Kost reicht normalerweise aus, um einem Gichtanfall vorzubeugen.

Besser vegetarisch

Bis auf wenige Ausnahmen enthalten Pflanzen deutlich weniger Purine als Fleisch oder Fisch. Sie können Ihre Erkrankung also positiv beeinflussen, wenn Sie Fleisch aus Ihrem Speiseplan streichen. Frisches Obst und Gemüse sind purinarm und gute Nährstofflieferanten. Sie enthalten wertvolle pflanzliche Eiweiße, außerdem sind sie reich an Vitaminen, Mineralstoffen, Spurenelementen und sekundären Pflanzenstoffen, die wichtige Funktionen im Körper haben. Zudem wirken Pflanzenfasern als Ballaststoffe und regulieren somit die Verdauung. Obst und Gemüse der Saison sollte deshalb täglich mehrmals auf Ihrem Speisezettel stehen. Bei Obst sollten Sie zwei Portionen am Tag aber nicht überschreiten.

Fleisch, Fisch und Meeresfrüchte

Hier kommt es auf die richtigen Sorten an. Zweimal in der Woche können Sie fettarme Fische wie Schellfisch, Forelle oder Dorsch essen. Verzichten Sie auf fetthaltige Sorten wie Makrele, Sardinen und Thunfisch sowie auf die Haut aller Fische, die den Harnsäurespiegel erhöhen können.

Einmal in der Woche mageres Fleisch oder Geflügel sind erlaubt. Innereien jedoch sind tabu! Auch Ente oder Gans enthalten viele Purine.

Reduzieren Sie vor allem tierisches Fett in Ihrer Ernährung. Das heißt: Verwenden Sie beispielsweise nur wenig Butter. Kaltgepresste Pflanzenöle hingegen liefern Ihnen hochwertige Fettsäuren. Der Markt bietet hier eine große Auswahl, etwa Rapsöl, Olivenöl, Distelöl oder Leinöl.

Milchprodukte und Eier

Milch- und Milchprodukte senken den Harnsäurespiegel. Sie fördern die Harnsäureausscheidung über den Urin und sind im Gegensatz zu fleischhaltigen Speisen eine geeignete Eiweißquelle für Gichtpatienten.

Milch in allen Fettstufen ist purinfrei, gesäuerte Milchprodukte und Käse enthalten zwar Purine, aber nur in sehr geringen Mengen. Weil Sie bei Fleisch kürzertreten müssen, können Sie mit diesen guten Eiweißlieferanten Ihren täglichen Speiseplan ergänzen. Bei Übergewicht greifen Sie besser zu fettarmen Milchprodukten. Auch auf Eier müssen Sie nicht verzichten, behalten Sie allerdings den Kalorien- und Cholesteringehalt von Fett und Eiern im Blick.

Nudeln und Getreide

Zu den pflanzlichen Lebensmitteln gehören Getreideprodukte wie Weizen, Roggen oder Dinkel und alles, was daraus hergestellt wird: Haferflocken, Nudeln, Grieß, Mehl und Brot.

Vollkornprodukte enthalten mehr Mineralstoffe und Ballaststoffe als raffinierte Produkte, das wirkt sich positiv auf Ihre Cholesterinwerte aus. Die Mineralstoffe aus Vollkornprodukten sind außerdem gut für das Säure-Basen-Gleichgewicht aufrecht und unterstützen die Immunabwehr.

Fruchtzucker

Fruktose treibt den Harnsäurespiegel nach oben. Ähnlich wie Alkohol hemmt Fruktose zusätzlich die Harnsäure-Ausscheidung über die Nieren. Fruktose ist in Obst und Obstsäften enthalten. Leider wird auch vielen Softdrinks, Limonaden, zuckerhaltigen Säften, Fertigprodukten und Süßigkeiten Fruchtzucker zugesetzt. Häufig wird Fruktose als natürlicher Zucker deklariert, was beim Verbraucher den Anschein erweckt, einen besonders „guten Zuckerzusatz“ zu konsumieren. Grundsätzlich sollte der Fruktoseverzehr eher über natürliche Quellen, wie zum Beispiel zwei Portionen frisches Obst erfolgen. Gezuckerte Getränke sollten gemieden bzw. reduziert werden. Die wichtigsten Regeln sind:

Verzichten Sie auf fertig gesüßte Getränke. Kaufen Sie frisch gepresste Säfte oder verarbeiten Sie Obst selbst zu Saft. Dann können Sie sichergehen, dass nicht zu viel Zucker enthalten ist.

Kaufen Sie möglichst wenig verarbeitete Lebensmittel. Auf der Packung muss angegeben werden, wie viel Zucker und welche Zuckerart sich im Lebensmittel befindet. Studieren Sie die Zutatenlisten auf Lebensmittelverpackungen genau, um dem versteckten Zucker auf die Spur zu kommen.

Desserts und Kuchen

Desserts und Kuchen sind relativ purinarm. Wenn Sie jedoch abnehmen möchten, müssen Sie auch hier auf den Kaloriengehalt achten. Die gesündesten Desserts werden aus Milchprodukten und Früchten gezaubert. Und auch wenn Sahne keine Purine enthält, verwenden Sie sie sparsam, denn sie enthält viel Fett und Kalorien.

Ein gesundes Gewicht

Übergewicht erhöht das Risiko für viele Krankheiten – vor allem auch für die Gicht: Steigt das Körpergewicht stetig an, kommt irgendwann der Tag, an dem die überflüssigen Pfunde zum handfesten Gesundheitsrisiko werden. Denn wie jeder weiß, belastet Übergewicht den gesamten Organismus und fördert die Entstehung zahlreicher Krankheiten.

Wenn Sie an Gicht leiden, übergewichtig sind und abnehmen wollen, gilt es einige Regeln zu beachten, damit Sie keinen Gichtanfall bekommen. Das Wichtigste: Crash-Diäten sind tabu, eiweißreiche Diäten wie die Atkins-Diät sind ebenfalls nicht zu empfehlen. Die beste Methode bei Gicht ist eine stetige, langsame Gewichtsreduktion durch Änderung der Ernährungsgewohnheiten.

Richtig abnehmen bei Gicht

Ein Gewichtsverlust von rund 500 g pro Woche ist völlig ausreichend und ungefährlich bei Hyperurikämie und Gicht. Wichtig ist, dass Sie mindestens 1,5 bis 2 Liter täglich trinken, um die verstärkt anfallenden Stoffwechselendprodukte, zu denen auch die Harnsäure zählt, ausscheiden zu können.

Ein Ernährungstagebuch hilft Ihnen dabei, einen Überblick über Ihre Ess- und Trinkgewohnheiten zu gewinnen und diese mit Ihren Ärzten oder Ernährungsberatern zu besprechen.

Wenn es Ihnen gelingt, Ihr Gewicht zu normalisieren und anschließend zu halten, können Sie Ihre Harnsäurewerte meist dauerhaft senken. Die Gichtanfälle treten dann in der Regel nicht auf. Bei einer Ernährungsumstellung und Gewichtsreduktion kann der Arzt die Medikamentendosis der Gichtpräparate oft reduzieren.

Richtig trinken

Unser Stoffwechsel kann nur gut funktionieren, wenn wir unserem Körper ausreichend Flüssigkeit zugeführen. Nieren und Leber brauchen mindestens 1,5 bis 2 Liter Flüssigkeit täglich, um ihre Entgiftungsfunktion wahrnehmen und anfallende Schadstoffe ausschwemmen zu können. Ein Erwachsener nimmt von der täglich benötigten Menge an Flüssigkeit etwa 40 Prozent über die feste Nahrung auf. Den größten Anteil müssen wir also über den Tag verteilt trinken, denn unser Körper kann kaum überschüssiges Wasser speichern und verfügt über nur geringe Wasserreserven.

Kaffee

In einer amerikanischen Studie mit 46.000 Personen zeigte sich, dass Kaffee den Harnsäurespiegel senkt und somit gleichzeitig das Risiko, an Gicht zu erkranken, deutlich reduzieren kann. Der Genuss von einer bis drei Tassen täglich senkt (statistisch) den Harnsäurespiegel im Blut um 0,1–0,3 mg/dl. Sechs Tassen Kaffee pro Tag ergeben eine weitere Senkung um gut 0,4 mg/dl. Dabei ist es wohl unerheblich, ob normaler oder koffeinfreier Kaffee getrunken wurde. Die Wissenschaftler vermuten, dass möglicherweise die Chlorogensäure des Kaffees den Effekt verursacht. Man kann also festhalten, dass Kaffee in Maßen genossen bei Gicht wohl positive Effekte hat.

Rote Karte für den Alkohol

Viele Menschen freuen sich auf ihr abendliches Gläschen Bier oder Wein. Das ist in Ordnung – solange Maß gehalten wird.

Denn es ist wissenschaftlich belegt, dass übermäßiger Alkoholkonsum unter anderem die Entstehung von Gicht begünstigt. Die Verstoffwechselung von Alkohol findet bekanntermaßen in der Leber statt: Bei Alkoholkonsum werden andere Stoffwechselwege zugunsten des Alkohols reduziert, da die Leber diese Substanz vorrangig abbaut. Die Abbauprodukte des Alkohols werden dann über die Nieren zusammen mit Harnsäure ausgeschieden. Bei hohem Alkoholkonsum ziehen auch die Nieren die Ausscheidung der Alkoholabbauprodukte vor. In der Folge wird weniger Harnsäure ausgeschieden, und der Harnsäurespiegel steigt an.

Zudem löst Alkohol ein Hungergefühl nach salzigen und süßen Snacks aus, sodass man neben dem Alkohol auch noch zu viel Zucker und schlechte Fette zu sich nimmt.

Während Mediziner den maßvollen Genuss von Wein oder Sekt als unproblematisch in Bezug auf eine Gichtentwicklung ansehen, kann Biergenuss das Gichtrisiko ziemlich erhöhen. Bei Bierkonsum führt man aufgrund der enthaltenen Hefe nämlich noch eine höhere Zahl an Purinen zu, die sich im Zusammenhang mit der verringerten Harnsäureausscheidung als Risikofaktor erweisen.

Wein hingegen enthält keine Purine und kann bei insgesamt gutem Harnsäurewert (<6 mg/dl) gelegentlich genossen werden. Wobei die Betonung auf „gelegentlich" liegt, denn jeden Abend zwei „Schoppen" ist nicht mehr im grünen Bereich. Grundsätzlich sollten Gichtpatienten maßvoll mit Alkohol umgehen. Wer Weinliebhaber ist, sollte ihn dem Bier vorziehen.

Frühstücks-leckereien

Müsli „Exotik“

raffiniert

Zutaten für 2 Personen

1 kleine Banane
1 TL Zitronensaft
1 kleine Mango (ca. 250 g)
4 EL Früchtemüsli, ungezuckert
2 Becher Naturjoghurt, 1,5 % Fett (300 g)
1 TL Honig

Zubereitungszeit
15 Minuten

Nährwert pro Portion
264 Kilokalorien/1104 Kilojoule
9 g Eiweiß
5 g Fett
45 g Kohlenhydrate
5 g Ballaststoffe
50 mg Harnsäure

Zubereitung

1| Banane schälen, in schmale Scheiben schneiden und mit Zitronensaft beträufeln.

2| Mango schälen, Stein entfernen und Fruchtfleisch in Würfel schneiden. Die Hälfte der Mangowürfel und Müsli zum vorbereiteten Obst geben und gut vermengen.

3| Restliche Mangowürfel mit Joghurt und Honig in einem hohen Gefäß mit einem Pürierstab fein zerkleinern. Mango-Joghurt-Masse über das Müsli geben und sofort servieren.

Schichtjoghurt „Tropical"

exotisch-frisch

Zutaten für 2 Personen

1 Banane
1 Stück Ananas (ca. 250 g)
½ kleines Glas Maracujasaft
1 Becher Naturjoghurt, 1,5 % Fett (150 g)
½ Pck. Magerquark (125 g)
1 EL Limettensaft

Zubereitungszeit
15 Minuten

Nährwert pro Portion
219 Kilokalorien/915 Kilojoule
13 g Eiweiß
2 g Fett
33 g Kohlenhydrate
2 g Ballaststoffe
42 mg Harnsäure

Zubereitung

1| Banane und Ananas schälen, Ananasstrunk entfernen und beide Obstsorten in kleine Würfel schneiden. Mit dem Maracujasaft in ein Mixglas geben und fein pürieren.

2| Aus Joghurt, Quark, Limettensaft und Zucker eine cremige Masse herstellen (gelingt am besten mit einem Schneebesen).

3| Fruchtmus in zwei hohe Gläser füllen und Joghurtmasse darauf verteilen.

Beeren-Knusper-Müsli

lecker knackig

Zutaten für 2 Personen

3 EL Erdbeeren
3 EL Himbeeren
3 EL Brombeeren
2 geh. EL Haferflocken
2 TL Leinsamen
2 TL Sonnenblumenkerne
1 TL Honig
etwas Zimt
300 ml Kefir

Zubereitungszeit

15 Minuten

Nährwert pro Portion
249 Kilokalorien/1041 Kilojoule
11 g Eiweiß
8 g Fett
28 g Kohlenhydrate
9 g Ballaststoffe
55 mg Harnsäure

Zubereitung

1| Beeren vorsichtig waschen, entkelchen und Erdbeeren halbieren bzw. vierteln.

2| In einer beschichteten Pfanne Haferflocken, Leinsamen und Sonnenblumenkerne anrösten, Honig und etwas Zimt zugeben und karamellisieren lassen. Flocken herausnehmen und kurz abkühlen lassen.

3| Beeren mit Kefir vorsichtig vermengen und Knusperflocken darüber geben.

Bananen-Pfannkuchen

gelingt leicht

Zutaten für 2 Personen

1 Ei
4 EL Milch, 1,5 % Fett
1 EL Rapsöl, 1 TL zum Ausbacken der Pfannkuchen
1 Prise Salz
6 EL Weizenmehl, Typ 550
1 Banane

Zubereitungszeit
15 Minuten

Garzeit
ca. 5–8 Minuten

Nährwert pro Portion
458 Kilokalorien/1914 Kilojoule
13 g Eiweiß
17 g Fett
63 g Kohlenhydrate
5 g Ballaststoffe
51 mg Harnsäure

Zubereitung

1| Ei, Milch und 1 EL Öl miteinander verquirlen. Salz und Mehl unter den Teig rühren. Banane schälen und in kleine Stücke schneiden. Ebenfalls unter den Teig mengen.

2| Hälfte des restlichen Öls in einer beschichteten Pfanne erhitzen und aus der Hälfte des Teiges einen Pfannkuchen backen. Herausnehmen und warmstellen. Übriges Öl erhitzen und aus dem restlichen Teig einen weiteren Pfannkuchen backen.

Hinweis
Um die Ballaststoffmenge der Pfannkuchen zu steigern, kann die Mehlmenge zur Hälfte durch Vollkorndinkelmehl ersetzt werden.

Bauernfrühstück

Hausmannskost

Zutaten für 2 Personen

3 Eier
2 EL Kondensmilch, 7,5 % Fett
Salz
Pfeffer
2 TL Schnittlauchröllchen
1 kleine Zwiebel
4 gekochte, eigroße Kartoffeln
2 Gewürzgurken
1 EL Rapsöl

Zubereitungszeit
10 Minuten

Garzeit
ca. 5–8 Minuten

Nährwert pro Portion
356 Kilokalorien/1488 Kilojoule
16 g Eiweiß
19 g Fett
27 g Kohlenhydrate
5 g Ballaststoffe
37 mg Harnsäure

Zubereitung

1| Eier in eine kleine Schüssel aufschlagen, Kondensmilch, Salz, Pfeffer und Schnittlauchröllchen zugeben und mit einem Schneebesen kräftig verschlagen.

2| Zwiebel schälen und fein würfeln, Kartoffeln schälen und in Scheiben schneiden. Gurken in kleine Würfel schneiden.

3| Öl in einer großen, beschichteten Pfanne erhitzen, Zwiebelwürfel glasig andünsten, Kartoffelscheiben und Gurkenwürfel zugeben und kurz mitgaren.

4| Eiermilch darübergießen und stocken lassen.

Münchner Frühstück

Obatzda – die berühmte bayerische Käsecreme

Zutaten für 2 Personen

2 Stücke Camembert,
45 % Fett i. Tr. (ca. 60 g)
2 EL Magerquark
½ kleine Zwiebel
Paprika
Pfeffer
2 Laugenstangen

Zubereitungszeit
10 Minuten

Nährwert pro Portion
276 Kilokalorien/1154 Kilojoule
14 g Eiweiß
8 g Fett
36 g Kohlenhydrate
2 g Ballaststoffe
25 mg Harnsäure

Zubereitung

1| Camembert in kleine Stücke schneiden und in eine Schüssel geben. Quark mit einer Gabel mit dem Camembert vermengen.

2| Zwiebel schälen und in feine Würfel schneiden, zusammen mit Pfeffer und Paprikapulver unter die Camembertmasse arbeiten.

3| Angemachten Camembert mit den Laugenstangen servieren.

Johannisbeerbrötchen

Zutaten für 2 Personen

4 EL Magerquark
2 EL Frischkäse, fettreduziert
½ Vanilleschote
200 g rote Johannisbeeren, frisch oder tiefgekühlt
Süßstoff
2 Sonnenblumenkernbrötchen

Zubereitungszeit
20 Minuten

Nährwert pro Portion
350 Kilokalorien/1463 Kilojoule
20 g Eiweiß
5 g Fett
48 g Kohlenhydrate
98 mg Harnsäure
8 g Ballaststoffe

Zubereitung

1| Den Quark und den Frischkäse mit einem Schneebesen zu einer cremigen Masse verrühren. Falls nötig, etwas kohlensäurehaltiges Mineralwasser hinzufügen. Die Vanilleschote auskratzen und das Mark unter die Quark-Käse-Masse rühren.

2| Die Johannisbeeren waschen und verlesen. Tiefkühlware auftauen lassen. Einige Beeren beiseite legen und den Rest mit einer Gabel zerdrücken oder mit einem Pürierstab zerkleinern. Das Johannisbeermus unter die Quark-Käse-Masse rühren. Falls nötig, mit flüssigem Süßstoff abschmecken.

3| Die Brötchen halbieren und die Johannisbeermasse auf den Hälften verteilen. Die belegten Brötchen mit den übrigen Johannisbeeren verzieren.

Frankfurter Brötchen

mit Frankfurter grüner Sauce

Zutaten für 2 Personen

½ Pck. Magerquark
1 Schuss kohlensäurehaltiges Mineralwasser
1 kleines Bund Kräuter für Frankfurter grüne Sauce
Salz
Pfeffer
1 TL Zitronensaft
2 EL Kresse
2 Vollkornbrötchen

Zubereitungszeit

10 Minuten

Nährwert pro Portion
197 Kilokalorien/824 Kilojoule
14 g Eiweiß
2 g Fett
29 g Kohlenhydrate
5 g Ballaststoffe
48 mg Harnsäure

Zubereitung

1| Quark und Mineralwasser mit einem Schneebesen cremig rühren. Kräuter waschen, trocknen, Blättchen abzupfen und fein hacken. Zusammen mit Salz, Pfeffer und Zitronensaft unter den Quark rühren.

2| Kresse waschen und trocknen. Brötchen mit Quark bestreichen und mit Kresse bestreut servieren.

Apfeltoast

gelingt leicht

Zutaten für 2 Personen

1 Apfel
1 EL Zitronensaft
2 geh. EL Apfelgelee
4 Scheiben Vollkorntoast
2 TL Frischkäse, fettreduziert

Zubereitungszeit
15 Minuten

Garzeit
ca. 5 Minuten

Nährwert pro Portion
305 Kilokalorien/1275 Kilojoule
6 g Eiweiß
4 g Fett
60 g Kohlenhydrate
4 g Ballaststoffe
57 mg Harnsäure

Zubereitung

1| Apfel waschen und schälen, halbieren, Kerne und Strunk entfernen und Apfelhälften in kleine Würfel schneiden. Sofort mit Zitronensaft beträufeln.

2| Apfelgelee bei milder Hitze auflösen, die Apfelwürfel zugeben und kurz köcheln lassen.

3| Brotscheiben toasten, kurz abkühlen lassen, mit Frischkäse bestreichen und mit Apfelmasse beträufelt servieren.

Konfettiquark

geht schnell

Zutaten für 2 Personen

½ Pck. Magerquark
1 Schuss kohlensäurehaltiges Mineralwasser
5 Radieschen
½ rote Paprikaschote
3 EL Mais aus der Dose
1 EL gehackte Kräuter
Salz
Pfeffer

Zubereitungszeit

10 Minuten

Nährwert pro Portion
89 Kilokalorien/372 Kilojoule
10 g Eiweiß
1 g Fett
9 g Kohlenhydrate
2 g Ballaststoffe
23 mg Harnsäure

Zubereitung

1| Quark und Mineralwasser mit einem Schneebesen cremig rühren.

2| Radieschen und Paprika waschen, putzen und in kleine Würfel schneiden. Mais gut abtropfen lassen.

3| Kräuter, Gewürze und Gemüse unter die Quarkmasse rühren.

Honig-Zitronen-Frischkäse

geht schnell

Zutaten für 2 Personen

1 EL Rosinen
Rumaroma
1 EL Zitronensaft
2 geh. EL Frischkäse, fettreduziert
4 EL Naturjoghurt, 1,5 % Fett
2 TL Honig

Zubereitungszeit
5 Minuten

Nährwert pro Portion
160 Kilokalorien/669 Kilojoule
6 g Eiweiß
8 g Fett
16 g Kohlenhydrate
0 g Ballaststoffe
10 mg Harnsäure

Zubereitung

1| Rosinen mit einigen Tropfen Rumaroma und dem Zitronensaft verrühren.

2| Frischkäse mit Joghurt und Honig zu einer cremigen Masse verrühren und Rosinen untermengen.

Apfelaufstrich

geht schnell

Zutaten für 2 Personen

4 geh. EL Magerquark
2 EL Apfelsaft
2 EL Apfelmus
Zimt

Zubereitungszeit
5 Minuten

Nährwert pro Portion
70 Kilokalorien/293 Kilojoule
8 g Eiweiß
0 g Fett
8 g Kohlenhydrate
1 g Ballaststoffe
6 mg Harnsäure

Zubereitung

Quark und Apfelsaft mit einem Schneebesen glatt rühren. Apfelmus und etwas Zimt unterrühren.

Fruchtiger Hüttenkäse

geht schnell, aromatisch

Zutaten für 2 Personen

4 geh. EL Hüttenkäse
2 EL Preiselbeerkonfitüre
1 TL Walnüsse

Zubereitungszeit
10 Minuten

Nährwert pro Portion
135 Kilokalorien/564 Kilojoule
8 g Eiweiß
5 g Fett
15 g Kohlenhydrate
0 g Ballaststoffe
2 mg Harnsäure

Zubereitung

Hüttenkäse mit Preiselbeerkonfitüre verrühren. Walnüsse in einer beschichteten Pfanne ohne Fettzugabe anrösten, bis sie aromatisch zu duften beginnen. Herausnehmen, grob hacken und über den Käse streuen.

Karotten-Meerrettich-Aufstrich

gelingt leicht

Zutaten für 2 Personen

1 Karotte (ca. 120 g)
2 geh. EL Frischkäse, fettreduziert
2 EL Naturjoghurt, 1,5 % Fett
Salz
Pfeffer
1 TL Meerrettich aus dem Glas

Zubereitungszeit
10 Minuten

Nährwert pro Portion
109 Kilokalorien/456 Kilojoule
5 g Eiweiß
8 g Fett
5 g Kohlenhydrate
2 g Ballaststoffe
9 mg Harnsäure

Zubereitung

1| Karotte waschen, putzen, schälen und fein raspeln.

2| Frischkäse und Joghurt glatt rühren, mit Salz und Pfeffer würzen und Meerrettich und Karottenraspel untermengen.

Schafskäse-Tomaten-Aufstrich

mediterran

Zutaten für 2 Personen

1 Stück Schafskäse (ca. 120 g)
1 EL Milch, 1,5 % Fett
2 TL Tomatenmark
Pfeffer
1 Knoblauchzehe
2 Frühlingszwiebeln

Zubereitungszeit

10 Minuten

Nährwert pro Portion
157 Kilokalorien/656 Kilojoule
11 g Eiweiß
12 g Fett
2 g Kohlenhydrate
1 g Ballaststoffe
26 mg Harnsäure

Zubereitung

1| Schafskäse zerbröckeln und mit Milch und Tomatenmark verrühren. Mit Pfeffer abschmecken.

2| Knoblauchzehe schälen und in kleine Würfel schneiden. Frühlingszwiebeln waschen, putzen und in feine Röllchen schneiden. Beides unter den Schafskäse mengen.

Melonenshake

schmeckt besonders frisch

Zutaten für 2 Personen

1 Stück Honigmelone (ca. 250 g)
1 EL Zitronensaft
1 TL Honig
¼ l Milch, 1,5 % Fett

Zubereitungszeit
10 Minuten

Nährwert pro Portion
127 Kilokalorien/531 Kilojoule
5 g Eiweiß
2 g Fett
21 g Kohlenhydrate
0 g Ballaststoffe
21 mg Harnsäure

Zubereitung

1| Melone entkernen, Schale entfernen und das Fruchtfleisch in grobe Würfel schneiden. In ein Mixglas geben, Zitronensaft, Honig und etwas Milch zufügen und fein pürieren.

2| Restliche Milch zugießen und nochmals kräftig durchmixen. In zwei Gläser füllen und sofort servieren.

Erdbeerbuttermilch

besonders frisch

Zutaten für 2 Personen

200 g Erdbeeren
3 kleine Gläser Buttermilch (300 ml)
1 TL Honig
1 Zweig Minze

Zubereitungszeit

10 Minuten

Nährwert pro Portion
94 Kilokalorien/380 Kilojoule
6 g Eiweiß
1 g Fett
14 g Kohlenhydrate
2 g Ballaststoffe
25 mg Harnsäure

Zubereitung

1| Erdbeeren waschen, entkelchen, eventuell weiche Stellen wegschneiden und Früchte würfeln.

2| Erdbeeren in ein hohes Gefäß geben, etwas Buttermilch und den Honig zugeben und mit einem Pürierstab fein mixen.

3| Restliche Buttermilch zugießen und nochmals kräftig durchmixen.

4| Minze waschen, Blättchen abzupfen und fein schneiden, zur Erdbeermilch geben und noch einmal kräftig pürieren.

Vorspeisen

Crostini „Birne-Blauschimmelkäse"

geht schnell

Zutaten für 2 Personen

1 kleine reife Birne
1 TL Rapsöl
1 kleines Stück Blauschimmelkäse (ca. 60 g)
¼ Ciabattabrot
1 TL flüssiger Honig, z. B. Akazie

Zubereitungszeit
10 Minuten

Garzeit
ca. 5 Minuten

Nährwert pro Portion
277 Kilokalorien/1158 Kilojoule
11 g Eiweiß
11 g Fett
34 g Kohlenhydrate
3 g Ballaststoffe
39 mg Harnsäure

Zubereitung

1| Birne waschen, schälen, vierteln, entkernen und in schmale Spalten schneiden.

2| Öl in einer Pfanne erhitzen, Birnenspalten darin unter Wenden bei schwacher Hitze ca. 5 Minuten dünsten, bis sie weich sind. Falls nötig, noch etwas Wasser zugeben.

3| Birne vorsichtig herausnehmen, Käse zerbröckeln.

4| Brot in schmale Scheiben schneiden, kurz toasten und mit Birnenspalten und Käse belegen, Honig darüber träufeln und sofort servieren.

Hinweis
Um die Ballaststoffmenge zu erhöhen, verwenden Sie Vollkornbaguette.

Crostini „Olive“

mediterran

Zutaten für 2 Personen

1 EL getrocknete Tomaten
1 Zweig Thymian
1 kleine Knoblauchzehe
5 EL schwarze Oliven (ca. 50 g)
1 EL Olivenöl
Salz
Pfeffer
¼ Ciabatta

Zubereitungszeit
10 Minuten

Nährwert pro Portion
300 Kilokalorien/1254 Kilojoule
5 g Eiweiß
18 g Fett
29 g Kohlenhydrate
3 g Ballaststoffe
45 mg Harnsäure

Zubereitung

1| Tomaten abtropfen lassen und in kleine Stücke schneiden. Thymian waschen, trocknen, Blättchen abzupfen und grob hacken. Knoblauchzehe schälen und fein würfeln. Oliven entsteinen.

2| Alle vorbereiteten Zutaten und das Olivenöl mit einem Pürierstab fein mixen und mit Salz und Pfeffer abschmecken.

3| Brot in schmale Scheiben schneiden, kurz im Toaster anrösten und mit Olivencreme bestrichen servieren.

Überbackenes Baguette mit Ananas und Ziegenfrischkäse

süß-sauer

Zutaten für 2 Personen

¼ Baguette (ca. 120 g)
1 TL Meerrettich
1 Stück Ananas (ca. 300 g)
80 g Ziegenfrischkäse
Salz
Pfeffer

Zubereitungszeit
10 Minuten

Garzeit
ca. 10 Minuten

Nährwert pro Portion
363 Kilokalorien/1517 Kilojoule
10 g Eiweiß
14 g Fett
50 g Kohlenhydrate
6 g Ballaststoffe
58 mg Harnsäure

Zubereitung

1| Backofen auf 200 °C (Ober- und Unterhitze) vorheizen. Baguette waagerecht aufschneiden, mit Meerrettich bestreichen und schräg in Stücke schneiden. Auf ein mit Backpapier belegtes Backblech legen.

2| Ananas schälen, harten Strunk entfernen und Ananas in kleine Stücke schneiden. Ananas auf Baguettestücken verteilen und mit Frischkäse in Flöckchen belegen.

3| Im heißen Ofen ca. 8–10 Minuten überbacken, mit Salz und Pfeffer würzen und sofort servieren.

Variation
Falls Sie keinen Ziegenfrischkäse mögen, verwenden Sie stattdessen einfach „normalen" Frischkäse. Probieren Sie eine Sorte z. B. mit Meerrettich oder Kräutern.

Gefüllte Datteln

gut vorzubereiten

Zutaten für ca. 10 Stück

10 Datteln
1 Stück Gorgonzola (ca. 60 g)

Zubereitungszeit
5 Minuten

Nährwert pro Portion (5 Stück)
250 Kilokalorien/1045 Kilojoule
7 g Eiweiß
10 g Fett
33 g Kohlenhydrate
4 g Ballaststoffe
11 mg Harnsäure

Zubereitung

Datteln der Länge nach einschneiden und die Steine herauslösen. Gorgonzola in 10 längliche Stücke schneiden und in die Datteln füllen.

Getrocknete Tomaten „hausgemacht"

schmeckt nach Italien

Zutaten für 2 Gläser
à ca. 200 ml

1 kg reife Flaschentomaten
2 Zweige Rosmarin
2 EL Zucker
8 Knoblauchzehen
200–250 ml Olivenöl
Salz

Zubereitungszeit
20 Minuten

Garzeit
4–6 Stunden

Marinierzeit
1–2 Wochen

Eine Portion (ca. 50 g) enthält
134 Kilokalorien/558 Kilojoule
1 g Eiweiß
13 g Fett
5 g Kohlenhydrate
1 g Ballaststoffe
6 mg Harnsäure

Zubereitung

1| Backofen auf 75 °C (Umluft) vorheizen. 2–3 Bleche mit Backpapier auslegen. Tomaten waschen, in Scheiben schneiden und auf den Blechen verteilen. Rosmarin waschen, trocknen und hacken. Tomaten mit Zucker und Rosmarin bestreuen.

2| Im Ofen bei geöffneter Ofentür (einen Kochlöffel dazwischen stecken) 4–6 Stunden trocknen. Die Tomaten sind fertig, wenn sie trocken sind, sich aber noch biegen lassen. Auskühlen lassen.

3| Knoblauch schälen und halbieren.

4| Mit den Tomaten in zwei saubere Twist-off-Gläser schichten und so viel Öl darübergießen, bis alles bedeckt ist. Mit 2 Teelöffeln Salz bestreuen, verschließen und ein bis zwei Wochen an einem kühlen Ort ziehen lassen.

Gebratene, scharfe Rote Bete

pikant

Zutaten für 2 Personen

3–4 Frühlingszwiebeln
1 kleiner Beutel gekochte rote Bete, vakuumverpackt (ca. 300 g)
1 EL Rapsöl
Salz
Pfeffer
1 EL Meerrettich aus dem Glas
2 EL Frischkäse, fettreduziert

Zubereitungszeit
10 Minuten

Garzeit
ca. 5–8 Minuten

Nährwert pro Portion
217 Kilokalorien/907 Kilojoule
7 g Eiweiß
15 g Fett
13 g Kohlenhydrate
5 g Ballaststoffe
43 mg Harnsäure

Zubereitung

1| Frühlingszwiebeln waschen, putzen und in ca. 4 cm lange Stücke schneiden. Rote Bete abtropfen lassen und in Scheiben schneiden.

2| Öl erhitzen, Zwiebelstücke anbraten, rote Bete zugeben und unter vorsichtigem Wenden ca. 3 Minuten braten.

3| Mit Salz, Pfeffer und Meerrettich würzen und Frischkäse in kleinen Flocken zugeben, etwas schmelzen lassen und sofort servieren.

Sauerkrautküchlein mit Schnittlauch-Dip

deutsche Küche einmal anders

Zutaten für 2 Personen

½ Bund Schnittlauch
½ Pck. und 1 EL (für die Küchlein) Magerquark
1 Schuss kohlensäurehaltiges Mineralwasser
Salz
Pfeffer
3 mittlere Kartoffeln (ca. 250 g)
100 g Sauerkraut
1 kleines Ei
½ EL Stärke
Muskatnuss
1 EL Rapsöl

Zubereitungszeit
20 Minuten

Garzeit
ca. 15 Minuten

Nährwert pro Portion
286 Kilokalorien/1196 Kilojoule
17 g Eiweiß
12 g Fett
26 g Kohlenhydrate
5 g Ballaststoffe
33 mg Harnsäure

Zubereitung

1| Schnittlauch waschen, trocknen und in feine Röllchen schneiden. Quark und etwas Mineralwasser mit einem Schneebesen cremig rühren. Masse mit Salz und Pfeffer würzen und Schnittlauchröllchen vorsichtig unterrühren.

2| Kartoffeln waschen, schälen und auf einer Küchenreibe grob raspeln. Sauerkraut mit den Händen kräftig ausdrücken. Ei, Stärke und 1 EL Quark verrühren. Mit Sauerkraut und Kartoffelraspeln vermengen und mit Salz, Pfeffer und Muskatnuss würzen.

3| Hälfte des Öls in einer beschichteten Pfanne erhitzen und aus der Hälfte des Teigs kleine Küchlein (jeweils 3–4 Minuten pro Seite) backen. Restliches Öl erhitzen und restlichen Teig ebenfalls zu kleinen Küchlein backen.

4| Küchlein mit Schnittlauchquark servieren.

Blini

Teigspeise aus Russland

Zutaten für 2 Personen

¼ Würfel Hefe
1 Prise Zucker
1 kleines Glas Milch, 1,5 % Fett (max. 80 ml)
2 EL Buchweizenmehl (ca. 30 g)
2 geh. EL Weizenmehl, Typ 550 (ca. 40 g)
1 Ei
Salz
1 EL Rapsöl
2 leicht geh. EL Saure Sahne, 10 % Fett (ca. 70 g)
Pfeffer

Zubereitungszeit
20 Minuten

Garzeit
ca. 10–15 Minuten

Ruhezeit
1 Stunde 40 Minuten

Nährwert pro Portion
308 Kilokalorien/1287 Kilojoule
11 g Eiweiß
15 g Fett
31 g Kohlenhydrate
1 g Ballaststoffe
93 mg Harnsäure

Zubereitung

1| Hefe, Zucker und 2 EL lauwarmes Wasser mit einer Gabel verrühren, bis sich die Hefe aufgelöst hat. Ca. 10 Minuten gehen lassen, bis sich das Volumen verdoppelt hat. Milch lauwarm erwärmen. Beide Mehle in eine Schüssel sieben, in die Mitte eine Mulde drücken, Hefemasse und die Hälfte der Milch zugießen, glatt rühren und zugedeckt an einem warmen Ort ca. 1 Stunde gehen lassen.

2| Ei trennen. Eigelb, restliche Milch, 1 EL Saurer Sahne und etwas Salz unter den Teig rühren. Eiweiß steif schlagen, vorsichtig unterheben und zugedeckt weitere 30 Minuten gehen lassen.

3| Öl portionsweise in einer beschichteten Pfanne erhitzen, 2–3 EL Teig pro Blini in die Pfanne geben, 2–3 Minuten bei mittlerer Hitze goldbraun backen, wenden und in 1–2 Minuten fertig backen.

4| Blini mit glatt gerührter Saurer Sahne bestreichen und etwas Pfeffer darüber geben.

Bohnen „Kreta"

mediterran

Zutaten für 2 Personen

1 Dose weiße Bohnenkerne (425 ml)
1 Zwiebel
1 Knoblauchzehe
1 EL Olivenöl
1 kleine Dose Tomaten (425 ml)
Salz
Pfeffer
1 Prise Zucker
2 Zweige Petersilie
1 Stück Schafskäse (ca. 60 g)

Zubereitungszeit
15 Minuten

Garzeit
ca. 15 Minuten

Nährwert pro Portion
327 Kilokalorien/1367 Kilojoule
19 g Eiweiß
15 g Fett
28 g Kohlenhydrate
12 g Ballaststoffe
134 mg Harnsäure

Zubereitung

1| Bohnen in ein Sieb geben, abspülen und gut abtropfen lassen.

2| Zwiebel und Knoblauchzehe schälen und fein würfeln. Öl erhitzen, Zwiebel- und Knoblauchwürfel darin glasig dünsten. Tomaten samt Saft und Bohnen zugeben, aufkochen lassen und 5 Minuten köcheln lassen. Tomaten fein zerdrücken und mit Salz, Pfeffer und Zucker würzen.

3| Backofen auf 200 °C (Ober- und Unterhitze) vorheizen.

4| Petersilie waschen, trocknen, Blättchen abzupfen und fein hacken. Unter die Bohnen-Tomaten-Masse mengen und in eine feuerfeste Form geben. Schafskäse darüber bröckeln und im Ofen ca. 8–10 Minuten backen.

Tipps und Hinweise
Trotz des relativ hohen Harnsäuregehaltes sind Hülsenfrüchte für Gichtpatienten geeignet, wenn nicht zusätzlich Fleisch bzw. Wurstwaren gegessen werden.

Backofen-Karotten mit Tomaten-Knoblauch-Dip

gut vorzubereiten

Zutaten für 2 Personen

½ kg junge Karotten
1 Zweig Thymian
1 kleiner Zweig Rosmarin
Salz
Pfeffer
1 EL Olivenöl

Knoblauch-Dip

1 Knoblauchzehe
2 getrocknete Tomaten in Öl
2 EL Naturjoghurt, 1,5 % Fett
2 geh. EL Magerquark

Zubereitungszeit

20 Minuten

Garzeit

ca. 50 Minuten

Nährwert pro Portion
172 Kilokalorien/719 Kilojoule
8 g Eiweiß
9 g Fett
15 g Kohlenhydrate
9 g Ballaststoffe
42 mg Harnsäure

Zubereitung

1| Karotten waschen, putzen, schälen und schräg in Scheiben schneiden. Kräuterzweige waschen, trocknen und vierteln.

2| Backofen auf 175 °C (Ober- und Unterhitze) vorheizen.

3| Karotten und Kräuter auf einem Blech verteilen, mit Salz und Pfeffer würzen und mit Öl beträufeln. Alles gut vermengen und im Ofen ca. 45–50 Minuten garen. Gemüse ab und zu wenden.

4| Knoblauch schälen und in feine Würfel schneiden. Öl von den Tomaten abtupfen und in schmale Streifen schneiden. Joghurt und Quark glatt rühren und mit Knoblauchwürfeln und Tomatenstreifen vermischen. Dip mit Salz und Pfeffer würzen und zu den Ofenkarotten servieren.

Variation

Probieren Sie auch andere Gemüsesorten als Ofengemüse, z. B. Paprika, Kartoffeln, Auberginen oder Zucchini. Sie können auch den Knoblauch-Dip nach Belieben abwandeln, z. B. mit frischen Kräutern, Kapern oder Oliven.

Überbackene Zucchini

gut vorzubereiten

Zutaten für 2 Personen

2 mittlere Zucchini (ca. 350 g)
1 EL Olivenöl
½ kleines Bund Basilikum
1 Stück Parmesan (ca. 20 g)
200 g passierte Tomaten
Salz
Pfeffer
2 leicht geh. EL Saure Sahne (ca. 70 g)

Zubereitungszeit
20 Minuten

Garzeit
ca. 50 Minuten

Nährwert pro Portion
199 Kilokalorien/832 Kilojoule
8 g Eiweiß
16 g Fett
6 g Kohlenhydrate
3 g Ballaststoffe
42 mg Harnsäure

Zubereitung

1| Zucchini waschen, putzen und längs in dünne Scheiben schneiden. Öl portionsweise in einer beschichteten Pfanne erhitzen und die Zucchini nach und nach von jeder Seite braten, bis sie gar und gebräunt sind.

2| Basilikum waschen, trocknen, Blättchen von den Stielen zupfen und in feine Streifen schneiden. Parmesan fein reiben. Tomaten mit Salz, Pfeffer und Basilikum würzen und in einer feuerfesten Form verteilen.

3| Backofen auf 200 °C (Ober- und Unterhitze) vorheizen.

4| Zucchinischeiben mit Salz und Pfeffer würzen, zu kleinen Röllchen formen und in die Tomatenmasse legen. Parmesan und Sahne vermischen und über die Röllchen gießen. Im Ofen ca. 35–45 Minuten überbacken.

Ofenkäse mit fruchtigem Salat

gelingt leicht

Zutaten für 2 Personen

2 kleine Zweige Rosmarin
2 kleine Camemberts (à 80 g)
2 EL Honig
300 g Weintrauben
¼ kleinen Kopf Eisbergsalat
1 EL Weißweinessig
1 EL Olivenöl
Salz
Pfeffer
1 Prise Zucker

Zubereitungszeit
10 Minuten

Garzeit
ca. 10 Minuten

Nährwert pro Portion
415 Kilokalorien/1735 Kilojoule
20 g Eiweiß
19 g Fett
40 g Kohlenhydrate
2 g Ballaststoffe
41 mg Harnsäure

Zubereitung

1| Backofen auf 200 °C (Ober- und Unterhitze) vorheizen. Ein Backblech mit Backpapier auslegen. Rosmarin waschen, trocknen, 1 Zweig in Stücke brechen und mit den Camemberts auf das Blech geben. Honig darüber träufeln und im Ofen ca. 10 Minuten backen.

2| Den restlichen Rosmarin vom Stiel zupfen und Nadeln fein hacken. Trauben waschen und halbieren.

3| Salat putzen, waschen und in mundgerechte Stücke schneiden. Salat gut abtropfen lassen oder in einer Salatschleuder trocken schleudern.

4| Aus Essig, Öl, Salz, Pfeffer und Zucker eine Vinaigrette herstellen. Gehackte Rosmarinnadeln darunter rühren.

5| Salat und Trauben vorsichtig mit der Vinaigrette vermengen und mit dem heißen Käse servieren.

Gebackener Mozzarella

geht schnell

Zutaten für 2 Personen

1 Mozzarellakugel (ca. 150 g)
1 Ei
Salz
Pfeffer
1 Zweig frisches Basilikum
2 TL Mehl, Typ 405
2 EL Paniermehl
1 EL Olivenöl

Zubereitungszeit
10 Minuten

Garzeit
ca. 8 Minuten

Nährwert pro Portion
390 Kilokalorien/1630 Kilojoule
20 g Eiweiß
27 g Fett
17 g Kohlenhydrate
1 g Ballaststoffe
22 mg Harnsäure

Zubereitung

1| Mozzarellakugel abtropfen lassen und quer halbieren. Ei aufschlagen und mit Salz und Pfeffer verquirlen. Basilikum waschen, trocknen, in feine Streifen schneiden und unter das verquirlte Ei rühren.

2| Mehl und Paniermehl auf jeweils einen Teller geben. Käse zuerst in Mehl wenden, danach in verquirltem Ei und zuletzt im Paniermehl.

3| Öl in einer beschichteten Pfanne erhitzen und die panierten Käse darin von jeder Seite ca. 2–4 Minuten goldbraun anbraten.

Avocadospalten mit Kräutersalat

geht schnell

Zutaten für 2 Personen

1 EL Pinienkerne
2 TL Dijon-Senf
1 EL Olivenöl
1 EL Balsamico-Essig
Salz
Pfeffer
ca. 2 Bund gemischte Kräuter (z. B. Basilikum, Petersilie und Kerbel)
½ Kästchen Kresse
1 reife Avocado
1 EL Limettensaft

Zubereitungszeit
10 Minuten

Garzeit
ca. 3–5 Minuten

Nährwert pro Portion
391 Kilokalorien/1634 Kilojoule
6 g Eiweiß
40 g Fett
3 g Kohlenhydrate
6 g Ballaststoffe
40 mg Harnsäure

Zubereitung

1| Pinienkerne in einer beschichteten Pfanne ohne Fettzugabe rösten, bis sie aromatisch zu duften beginnen. Herausnehmen und zur Seite stellen.

2| Senf, Öl, Essig, Salz und Pfeffer zu einer Vinaigrette verrühren.

3| Kräuter waschen, trocknen, Blättchen von den Stielen zupfen und Kresse vom Beet schneiden.

4| Avocado halbieren, Stein entfernen, schälen, in Spalten schneiden und sofort mit dem Limettensaft beträufeln.

5| Kräuter, Kresse und Avocadospalten in eine große Schüssel geben, Vinaigrette darübergießen und sorgfältig vermischen. Mit Pinienkernen bestreut servieren.

Fruchtiger Avocado-Mozzarella-Mix

aromatisch

Zutaten für 2 Personen

1 EL Pinienkerne
½ Kugel Mozzarella
½ kleine, reife Mango
einige Stiele Rucola
½ kleines Glas frisch gepresster Orangensaft
Salz
Pfeffer
1 EL Olivenöl
2 TL Honig
½ kleine, reife Avocado
2 EL Zitronensaft

Zubereitungszeit
20 Minuten

Garzeit
ca. 10 Minuten

Nährwert pro Portion
464 Kilokalorien/1940 Kilojoule
13 g Eiweiß
35 g Fett
25 g Kohlenhydrate
5 g Ballaststoffe
51 mg Harnsäure

Zubereitung

1| Pinienkerne in einer beschichteten Pfanne ohne Fettzugabe anrösten, sobald sie aromatisch zu duften beginnen herausnehmen und zur Seite stellen.

2| Mozzarella in Würfel schneiden. Mango schälen, Kern entfernen und Fruchtfleisch ebenfalls würfeln. Rucola waschen, trocknen und in mundgerechte Stücke zerpflücken.

3| Orangensaft in einen Topf geben und auf die Hälfte einkochen lassen. In eine Schüssel geben und mit Salz, Pfeffer, Öl und Honig zu einer Vinaigrette verrühren.

4| Avocado schälen, Kern entfernen und das Fruchtfleisch in Würfel schneiden. Sofort mit dem Zitronensaft beträufeln und mit Salz und Pfeffer würzen.

5| Alle Zutaten in einer Schüssel vorsichtig mischen und sofort servieren.

Tipps und Hinweise

Das Rezept liefert reichlich Kalorien und Fett. Daher sollten Sie es nur zu besonderen Anlässen genießen. Allerdings enthalten Avocados und Pinienkerne reichlich „gesundes Fett“, das vor Arterienverkalkung schützen kann.

Melonen-Käse-Vorspeise

Vorspeisen-„Klassiker"

Zutaten für 2 Personen

1 Stück Wassermelone (ca. 600 g)
2 Stiele Minze
½ Limette
1 EL Olivenöl
Salz
Pfeffer
1 Prise brauner Zucker
80 g Ziegenfrischkäse

Zubereitungszeit
10 Minuten

Marinierzeit
ca. 10 Minuten

Nährwert pro Portion
307 Kilokalorien/1283 Kilojoule
6 g Eiweiß
21 g Fett
23 g Kohlenhydrate
1 g Ballaststoffe
52 mg Harnsäure

Zubereitung

1| Melone in Spalten schneiden, Fruchtfleisch von der Schale schneiden und in Streifen schneiden. Minze waschen, trocknen und in schmale Streifen schneiden.

2| Limette auspressen, mit Öl, Salz, Pfeffer und braunem Zucker verrühren. Melonen- und Minzestreifen mit dem Dressing verrühren und ca. 10 Minuten marinieren.

3| Käse über den Salat bröckeln und gleich servieren.

Salate und Snacks

Rote-Bete-Birnen-Salat

preiswert

Zutaten für 2 Personen

2 kleine Knollen gekochte rote Bete
1 große Birne
2 EL Zitronensaft
1 EL Olivenöl
Salz
Pfeffer
1 EL Schnittlauchröllchen

Zubereitungszeit
15 Minuten

Nährwert pro Portion
144 Kilokalorien/601 Kilojoule
2 g Eiweiß
8 g Fett
15 g Kohlenhydrate
5 g Ballaststoffe
35 mg Harnsäure

Zubereitung

1| Rote Bete schälen und in Stifte schneiden. Birne waschen, halbieren, entkernen und das Fruchtfleisch ebenfalls in Stifte schneiden. Sofort mit der Hälfte des Zitronensafts vermengen.

2| Restlichen Zitronensaft mit Öl, Salz, Pfeffer und Schnittlauchröllchen vermischen und über die vorbereiteten Zutaten gießen.

Wintersalat

geht schnell

Zutaten für 2 Personen

100 g Chicorée
100 g Friséesalat
50 g Radicchio
100 g grüne Weintrauben
1 EL Walnussöl
1 EL Himbeer- oder Rotweinessig
1 TL Senf
Salz
Pfeffer
1 Prise Zucker
2 EL Kresse

Zubereitungszeit
15 Minuten

Nährwert pro Portion
140 Kilokalorien/585 Kilojoule
3 g Eiweiß
9 g Fett
12 g Kohlenhydrate
3 g Ballaststoffe
30 mg Harnsäure

Zubereitung

1| Salat putzen, waschen und gut abtropfen lassen bzw. in einer Salatschleuder trocken schleudern.

2| Trauben waschen und halbieren.

3| Aus Öl, Essig, Senf und den Gewürzen ein Dressing herstellen.

4| Salate mit den Trauben mischen, auf zwei Tellern verteilen und mit dem Dressing beträufeln. Kresse waschen, trocknen und über die Salatteller streuen.

Feldsalat „Hongkong"

exotisch mit Limette und Ingwer

Zutaten für 2 Personen

100 g Feldsalat
1 kleine blaue Zwiebel
1 Stück frischer Ingwer (ca. 5 g)
1 EL Sesam
1 Bio-Limette
1 TL Honig
1 TL Sesamöl
2 TL Sojaöl
Salz
Pfeffer

Zubereitungszeit
25 Minuten

Nährwert pro Portion
145 Kilokalorien/606 Kilojoule
3 g Eiweiß
13 g Fett
4 g Kohlenhydrate
2 g Ballaststoffe
22 mg Harnsäure

Zubereitung

1| Feldsalat putzen, waschen und gut abtropfen lassen bzw. in einer Salatschleuder trocken schleudern.

2| Zwiebel und Ingwer schälen und in feine Würfel schneiden. Sesam ohne Fettzugabe in einer beschichteten Pfanne anrösten, bis er aromatisch zu duften beginnt. Herausnehmen und abkühlen lassen.

3| Limettenschale abreiben und Limette auspressen. Aus Saft, Honig, den beiden Ölen und den Gewürzen ein Dressing herstellen und mit der Limettenschale und den Zwiebel- bzw. Ingwerwürfelchen vermengen.

4| Feldsalat auf zwei Tellern anrichten und mit dem Dressing beträufelt servieren.

Radicchio-Orangen-Salat mit Walnussdressing

fruchtig-aromatisch

Zutaten für 2 Personen

1 kleine rote Zwiebel
2 Portionen Radicchiosalat (ca. 200 g)
1 Orange
1 EL weißer Balsamico-Essig
1,5 EL Walnussöl
2 EL Orangensaft
Salz
Pfeffer
1 EL Walnüsse

Zubereitungszeit
30 Minuten

Nährwert pro Portion
225 Kilokalorien/942 Kilojoule
4 g Eiweiß
19 g Fett
10 g Kohlenhydrate
4 g Ballaststoffe
30 mg Harnsäure

Zubereitung

1| Zwiebel schälen und in feine Würfel schneiden. Radicchio putzen, waschen, in mundgerechte Stücke zerpflücken und gut abtropfen lassen bzw. in einer Salatschleuder trocken schleudern.

2| Orange filetieren (Schale mit einem scharfen Messer entfernen, so dass die weiße Haut mit entfernt wird. Orangenfilets mit dem Messer herausschneiden) und austretenden Saft auffangen.

3| Aus Essig, Öl, Orangensaft und Gewürzen ein Dressing herstellen.

4| Walnüsse grob hacken und in einer beschichteten Pfanne ohne Fettzugabe anrösten. Kurz abkühlen lassen.

5| Alle Zutaten in einer Schüssel vermengen, evtl. nochmals mit Salz und Pfeffer würzen.

Rotkohlsalat „Bangkok“

gelingt leicht

Zutaten für 2 Personen

1 Stück Rotkohl (ca. 300 g)
1 EL Zucker
2 Prisen Salz
1 EL Zitronensaft
1 EL Erdnussbutter
3 TL Sojaöl
1 TL Sesamöl
Pfeffer
1 Stück Mango (ca. 250 g)
1 TL Sesam

Zubereitungszeit
20 Minuten

Marinierzeit
ca. 30 Minuten

Nährwert pro Portion
269 Kilokalorien/1124 Kilojoule
5 g Eiweiß
16 g Fett
26 g Kohlenhydrate
5 g Ballaststoffe
63 mg Harnsäure

Zubereitung

1| Rotkohl putzen, vierteln, Strunk entfernen und Rotkohl in feine Streifen schneiden. In einer Schüssel mit Zucker und Salz 2 Minuten kräftig verkneten.

2| Aus Zitronensaft, Erdnussbutter, Ölen sowie Salz und Pfeffer ein Dressing herstellen. Über den Kohl gießen und gut vermischen.

3| Mango schälen und in feine Streifen schneiden. Zum Salat geben und ca. 30 Minuten ziehen lassen.

4| Salat mit Sesam bestreut servieren.

Wirsingsalat

besonders fruchtig

Zutaten für 2 Personen

1 Stück Wirsing (ca. 250 g)
1 kleine rote Zwiebel
½ TL Salz
1 Stück frischer Ingwer (ca. 10 g)
1 Grapefruit
2 EL Orangensaft
½ Becher Naturjoghurt, 1,5 % Fett
1 TL Senf
Pfeffer

Zubereitungszeit
30 Minuten

Nährwert pro Portion
113 Kilokalorien/472 Kilojoule
6 g Eiweiß
1 g Fett
16 g Kohlenhydrate
4 g Ballaststoffe
75 mg Harnsäure

Zubereitung

1| Wirsing putzen, Strunk herausschneiden und in schmale Streifen schneiden. Zwiebel schälen und in feine Würfel schneiden. Wirsing und Zwiebel in eine Schüssel geben und mit 1/2 Teelöffel Salz 5 Minuten kräftig verkneten.

2| Ingwer schälen und in feine Würfel schneiden. Grapefruit filetieren (Schale mit einem scharfen Messer entfernen, so dass die weiße Haut mit entfernt wird. Grapefruitfilets mit dem Messer herausschneiden) und austretenden Saft auffangen.

3| Aus Grapefruit- und Orangensaft, Joghurt, Senf, Pfeffer und Salz ein Dressing herstellen und Salatzutaten damit gut vermengen.

Nudelsalat mit Biss

gelingt leicht

Zutaten für 2 Personen

120 g eifreie Nudeln (z. B. Mini-Penne)
2 EL Walnusskerne
1 EL Haselnusskerne
1 EL Pinienkerne
2 EL Zitronensaft
1 EL Ahornsirup
2 EL Walnussöl
Salz
Pfeffer
2 Frühlingszwiebeln
½ Beet Kresse

Zubereitungszeit
15 Minuten

Garzeit
ca. 8–10 Minuten

Nährwert pro Portion
632 Kilokalorien/2642 Kilojoule
14 g Eiweiß
40 g Fett
55 g Kohlenhydrate
6 g Ballaststoffe
50 mg Harnsäure

Zubereitung

1| Nudeln nach Packungsanweisung in reichlich Salzwasser al dente garen.

2| Walnüsse und Haselnüsse grob hacken und zusammen mit den Pinienkernen in einer beschichteten Pfanne ohne Fettzugabe rösten, bis sie aromatisch zu duften beginnen. Herausnehmen und abkühlen lassen.

3| Aus Zitronensaft, Ahornsirup, Öl und Gewürzen ein Dressing herstellen.

4| Frühlingszwiebeln putzen, waschen und in feine Ringe schneiden. Kresse waschen und trocknen.

5| Nudeln, Nüsse und Frühlingszwiebeln in einer Schüssel vermengen und mit dem Dressing vermischen. Mit Kresse bestreut servieren.

Tipps und Hinweise
Dieser Salat liefert reichlich Energie und Fett, daher sollte er nur zu besonderen Anlässen gegessen werden. Nüsse liefern jedoch reichlich gesunde Fette, die vor Arterienverkalkung schützen können. Um die Ballaststoffmenge zu erhöhen, verwenden Sie Vollkornnudeln.

Kartoffel-Kräuter-Salat

gelingt leicht

Zutaten für 2 Personen

300 g kleine, festkochende Kartoffeln
Salz
1 Tasse Gemüsebrühe
150 g Erbsen aus der Tiefkühltruhe
1 EL Rapsöl
1 EL Essig
1 TL Senf
Pfeffer
½ kleines Bund Petersilie
½ kleines Bund Schnittlauch
½ Beet Kresse

Zubereitungszeit
20 Minuten

Garzeit
ca. 30 Minuten

Nährwert pro Portion
258 Kilokalorien/1078 Kilojoule
10 g Eiweiß
9 g Fett
33 g Kohlenhydrate
8 g Ballaststoffe
174 mg Harnsäure

Zubereitung

1| Kartoffeln gründlich waschen und in Salzwasser ca. 20 Minuten weich kochen.

2| Gemüsebrühe zum Kochen bringen und Erbsen darin nach Packungsanweisung garen. Kochwasser nicht weggießen.

3| Aus Öl, Essig, Senf, Gewürzen und 2–3 EL Kochwasser eine Salatsauce herstellen.

4| Kartoffeln abschrecken, schälen und in Scheiben schneiden. Restliches Kochwasser über die Kartoffelscheiben gießen.

5| Kräuter waschen und trocknen. Petersilienblättchen von den Stängeln zupfen und Blättchen fein hacken. Schnittlauch in schmale Röllchen schneiden. Kresse abschneiden.

6| Erbsen zu den Kartoffelscheiben geben und mit Salatsauce und Kräutern vorsichtig vermengen.

Tipps und Hinweise

Trotz des relativ hohen Harnsäuregehaltes sind Hülsenfrüchte für Gichtpatienten geeignet, wenn nicht zusätzlich Fleisch bzw. Wurstwaren gegessen werden.

Toast Malta

preiswert

Zutaten für 2 Personen

2 große Scheiben
Schwarzbrot (ca. 120 g)
1 große Birne (ca. 200 g)
1 TL Zitronensaft
1 TL Rapsöl
Salz
Pfeffer
2 Prisen Zucker
2 Portionen Ziegenkäse,
50 % Fett i. Tr. (60 g)
1 Portion Radicchio (ca. 60 g)
1 Zweig Thymian

Zubereitungszeit

20 Minuten

Garzeit

ca. 12 Minuten

Nährwert pro Portion
338 Kilokalorien/1413 Kilojoule
13 g Eiweiß
14 g Fett
41 g Kohlenhydrate
6 g Ballaststoffe
53 mg Harnsäure

Zubereitung

1| Brotscheiben im Toast kurz toasten.

2| Backofen auf 200 °C (Ober- und Unterhitze) vorheizen.

3| Birne waschen, halbieren, Kerngehäuse entfernen und Birnenhälften in schmale Spalten schneiden. Birne mit Zitronensaft beträufeln. Öl in einer beschichteten Pfanne erhitzen und Birnenspalten darin von jeder Seite 1–2 Minuten braten. Mit Gewürzen abschmecken.

4| Birnenspalten auf die Brotscheiben legen, mit zerbröckeltem Käse und Pfeffer bestreuen. Im Ofen ca. 8 Minuten überbacken.

5| Radicchio und Thymian waschen, putzen und in schmale Streifen schneiden. Überbackene Brote damit bestreut servieren.

Gebackene Mozzarella-Sandwiches

gelingt leicht

Zutaten für 2 Personen

2 kleine Tomaten
1 Kugel Mozzarella
2 Stiele Basilikum
4 Scheiben Sandwich-Vollkorntoast
Salz
Pfeffer
1 Ei
1½ kleine Gläser Milch, 1,5 % Fett (150 ml)
1 EL Rapsöl

Zubereitungszeit
15 Minuten

Garzeit
ca. 6 Minuten

Nährwert pro Portion
445 Kilokalorien/1860 Kilojoule
21 g Eiweiß
26 g Fett
32 g Kohlenhydrate
4 g Ballaststoffe
58 mg Harnsäure

Zubereitung

1| Tomaten waschen, halbieren, Strunk herausschneiden und Tomatenhälften in dünne Scheiben schneiden. Mozzarella gut abtropfen lassen und ebenfalls in dünne Scheiben schneiden. Basilikum waschen, trocknen und Blättchen in feine Streifen schneiden.

2| 2 Scheiben Sandwichtoast mit Tomaten- und Mozzarellascheiben und Basilikumstreifen belegen. Mit Salz und Pfeffer würzen und jeweils eine Sandwichtoastscheibe darauf legen.

3| Ei und Milch in einem tiefen Teller verquirlen und mit Salz und Pfeffer würzen. Gefüllte Sandwichs darin wenden und die Ränder zusammendrücken.

4| Öl in einer großen beschichteten Pfanne erhitzen und die Sandwichs darin von jeder Seite 2–3 Minuten braten. Sofort servieren.

Käse-Schinken-Wrap

gelingt leicht

Zutaten für 2 Personen

1 EL Senf
1 TL flüssiger Honig, z. B. Akazie
Salz
Pfeffer
2 Scheiben Edamer
1 Scheibe gekochter Schinken
4 EL Maiskörner, Dose
1 Stück Salatgurke (ca. 50 g)
4 Blätter Eisbergsalat
3 Wraps

Zubereitungszeit

15 Minuten

Nährwert pro Portion
353 Kilokalorien/1476 Kilojoule
18 g Eiweiß
12 g Fett
42 g Kohlenhydrate
4 g Ballaststoffe
89 mg Harnsäure

Zubereitung

1| Senf mit Honig glatt rühren und mit Salz und Pfeffer würzen.

2| Käse und Schinken in schmale Streifen schneiden. Mais gut abtropfen lassen. Salatgurke waschen, trocknen und in schmale Stifte schneiden. Salatblätter waschen, trocknen und in mundgerechte Stücke zerpflücken.

3| Wraps mit Honig-Senf-Sauce bestreichen, Salatblätter auf die Wraps legen, Käse- und Schinkenstreifen, sowie Maiskörner und Gurkenstifte darauf verteilen.

4| Wraps fest aufrollen, halbieren und sofort servieren.

Rucola-Tomaten mit Honig-Ziegenfrischkäse

geht schnell

Zutaten für 2 Personen

120 g Ziegenfrischkäse
2 TL flüssiger Honig, z. B. Akazie
3 Thymianzweige
Salz
Pfeffer
10 Cocktailtomaten
einige Rucolablätter

Zubereitungszeit
10 Minuten

Nährwert pro Portion
230 Kilokalorien/961 Kilojoule
7 g Eiweiß
19 g Fett
7 g Kohlenhydrate
1 g Ballaststoffe
7 mg Harnsäure

Zubereitung

1| Frischkäse mit Honig glatt rühren. Thymian waschen, trocknen, Blättchen abzupfen und fein hacken. Zusammen mit Salz und Pfeffer zur Frischkäsemasse geben und herzhaft abschmecken.

2| Tomaten und Rucola waschen und trocknen. Tomaten halbieren und vierteln, Rucola in mundgerechte Stücke schneiden. Beides miteinander vermengen und zusammen mit dem Frischkäse servieren.

Tipps und Hinweise
Der Aufstrich ist ausreichend für vier Scheiben Brot.

Gebackene Artischockenherzen

mediterran

Zutaten für 2 Personen

6 Artischockenherzen, Dose (ca. 150 g)
2 Knoblauchzehen
1 Zweig Thymian
1 EL Olivenöl
Salz
Pfeffer

Zubereitungszeit
10 Minuten

Garzeit
5 Minuten

Nährwert pro Portion
82 Kilokalorien/343 Kilojoule
1 g Eiweiß
8 g Fett
2 g Kohlenhydrate
5 g Ballaststoffe
21 mg Harnsäure

Zubereitung

1| Artischocken gut abtropfen lassen. Knoblauchzehen schälen und grob hacken. Thymianzweige waschen, trocknen und halbieren.

2| Öl in einer beschichteten Pfanne erhitzen, Knoblauch, Artischocken und Thymian zugeben und bei reduzierter Hitze langsam ca. 5 Minuten braten. Artischocken mit Salz und Pfeffer würzen.

Gebackene Käse-Feigen

geht schnell

Zutaten für 2 Personen

4 frische Feigen
Pfeffer
1 Stück Ziegenkäse oder Emmentaler (ca. 75 g)
1 TL Balsamico-Essig
1 TL flüssiger Honig, z. B. Akazie

Zubereitungszeit
10 Minuten

Garzeit
ca. 10 Minuten

Nährwert pro Portion
162 Kilokalorien/677 Kilojoule
5 g Eiweiß
12 g Fett
8 g Kohlenhydrate
1 g Ballaststoffe
6 mg Harnsäure

Zubereitung

1| Backofen auf 220 °C (Ober- und Unterhitze) vorheizen.

2| Feigen waschen und trocknen. An der spitzen Seite kreuzweise bis zur Hälfte einschneiden und leicht auseinanderdrücken. Mit Pfeffer würzen. Ziegenkäse grob zerkrümeln und in die Feigen drücken. Balsamico-Essig und Honig über die Feigen träufeln.

3| Feigen auf ein mit Backpapier belegtes Blech setzen und im Ofen 8–10 Minuten überbacken. Vor dem Servieren mit frisch gemahlenem Pfeffer würzen.

Tomatenmuffins

Muffins einmal anders

Zutaten für 4 Stück

1 Zweig Rosmarin
2 Zweige Thymian
2 Tomaten
1 Stück Parmesan (ca. 25 g)
2 knappe EL Olivenöl
(ca. 25 ml)
4 EL Magerquark (80 g)
2 knappe EL Milch, 1,5 % Fett
(ca. 25 ml)
1 kleines Ei (40 g)
100 g Weizenmehl, Typ 550
1 TL Backpulver

Zubereitungszeit

20 Minuten

Backzeit

ca. 25 Minuten

Nährwert pro Portion
207 Kilokalorien/865 Kilojoule
9 g Eiweiß
10 g Fett
20 g Kohlenhydrate
1 g Ballaststoffe
14 mg Harnsäure

Zubereitung

1| Kräuter waschen, trocknen und Nadeln bzw. Blättchen von den Stielen zupfen. Beides fein hacken. Tomaten waschen, trocknen, halbieren, Strunk entfernen und Tomatenhälften in Würfel schneiden. Parmesan fein reiben.

2| Öl, Quark, Milch und Ei verrühren. Mehl und Backpulver mischen und mit den Kräutern kurz unter den Teig rühren.

3| Backofen auf 200 °C (Ober- und Unterhitze) vorheizen.

4| 4 Papierförmchen auf ein Backblech setzen, die Hälfte des Teiges hineingeben, Parmesan und die Hälfte der Tomatenwürfel darauf verteilen und den restlichen Teig auf die Förmchen verteilen. Übrige Tomatenwürfel auf den Förmchen verteilen und im Ofen ca. 25 Minuten backen.

Feta-Pfirsiche

geht schnell

Zutaten für 2 Personen

2 reife, feste Pfirsiche
1 Stück Schafskäse (ca. 120 g)
2 TL eingelegte, grüne Pfefferkörner

Zubereitungszeit
10 Minuten

Garzeit
ca. 18 Minuten

Nährwert pro Portion
189 Kilokalorien/790 Kilojoule
11 g Eiweiß
11 g Fett
10 g Kohlenhydrate
3 g Ballaststoffe
39 mg Harnsäure

Zubereitung

1| Pfirsichhaut vorsichtig einritzen, 30 Sekunden in kochendes Wasser geben, herausnehmen, abschrecken und schälen. Pfirsiche halbieren und entsteinen.

2| Schafskäse würfeln, mit Pfefferkörnern mischen und auf den Pfirsichhälften verteilen.

3| Backofen auf 200 °C (Ober- und Unterhitze) vorheizen.

4| Pfirsichhälften in eine feuerfeste Auflaufform setzen und im Ofen 15–18 Minuten backen.

Suppen

Kartoffelcremesuppe

besonders fein

Zutaten für 2 Personen

4 mittlere Kartoffeln (ca. 240 g)
1 kleine Zwiebel
2 TL Rapsöl
1 Glas Milch, 1,5 % Fett (200 ml)
Salz
Pfeffer
einige Zweige Dill

Zubereitungszeit
20 Minuten

Garzeit
ca. 20 Minuten

Nährwert pro Portion
121 Kilokalorien/886 Kilojoule
7 g Eiweiß
6 g Fett
30 g Kohlenhydrate
4 g Ballaststoffe
32 mg Harnsäure

Zubereitung

1| Die Kartoffeln schälen, waschen und in Stücke schneiden. Die Zwiebel schälen und würfeln.

2| Das Öl in einem Topf erhitzen und die Zwiebel darin glasig andünsten. Kartoffeln dazugeben und kurz mitdünsten. Mit Milch ablöschen, Gewürze zugeben und auf kleiner Flamme ca. 15–20 Minuten köcheln lassen, bei Bedarf noch etwas Wasser hinzufügen.

2| Am Ende der Garzeit, die Kartoffeln sollten weich sein, Suppe mit einem Pürierstab mixen, evtl. nochmals abschmecken und mit fein gehacktem Dill servieren.

Tipps und Hinweise
Für besondere Anlässe können Sie die Kartoffelsuppe mit wenigen Lachsstreifen verfeinern. Wenn Sie ihn vorher kochen, geht ein Teil der Purine ins Kochwasser über, sodass sich der Puringehalt um 10 bis 20 Prozent verringern kann.

Zwiebelsuppe

geht schnell

Zutaten für 2 Personen

3 mittlere Zwiebeln
1 EL Rapsöl
1 EL Mehl
1 Schmelzkäseecke, fettreduziert
½ l Gemüsebrühe
Salz
Pfeffer
Paprika, edelsüß
1 Prise Zucker

Zubereitungszeit
10 Minuten

Garzeit
ca. 10 Minuten

Nährwert pro Portion
208 Kilokalorien/869 Kilojoule
10 g Eiweiß
11 g Fett
17 g Kohlenhydrate
3 g Ballaststoffe
68 mg Harnsäure

Zubereitung

1| Zwiebeln schälen und in schmale Spalten schneiden. Öl erhitzen und Zwiebeln darin andünsten, mit Mehl bestäuben, unter Rühren bei niedrigster Hitze den Käse zugeben.

2| Nach und nach mit Brühe ablöschen und ca. 5–10 Minuten köcheln lassen.

3| Mit Gewürzen abschmecken und gleich servieren.

Paprika-Ingwer-Suppe

gelingt leicht

Zutaten für 2 Personen

1 kleine Zwiebel
1 mittlere Kartoffel (ca. 80 g)
1 Stange Staudensellerie (ca. 120 g)
2 gelbe Paprikaschoten (ca. 160 g)
1 Stück Ingwer (ca. 20 g)
1 EL Olivenöl
½ l Gemüsebrühe
1 kleines Lorbeerblatt
Salz
Pfeffer
Curry
1 kleines Glas Milch, 1,5 % Fett

Zubereitungszeit
20 Minuten

Garzeit
35 Minuten

Nährwert pro Portion
207 Kilokalorien/865 Kilojoule
9 g Eiweiß
10 g Fett
19 g Kohlenhydrate
6 g Ballaststoffe
100 mg Harnsäure

Zubereitung

1| Zwiebel und Kartoffel schälen und grob würfeln. Sellerie und Paprikaschoten waschen, putzen und ebenfalls grob würfeln. Ingwer schälen und in feine Würfel schneiden.

2| Öl erhitzen und Gemüsewürfel ca. 10 Minuten darin andünsten, ohne dass das Gemüse Farbe annimmt. Mit Gemüsebrühe ablöschen, Lorbeerblatt hinzufügen und ca. 25 Minuten offen köcheln lassen. Suppe mit Salz, Pfeffer und Curry würzen.

3| Milch zur Suppe geben, Lorbeerblatt entfernen und Suppe mit einem Pürierstab fein mixen.

Tomaten-Paprika-Suppe „Mykonos“

griechisch-mediterran

Zutaten für 2 Personen

1 kleine Dose Tomaten (425 ml)
1 kleine Zwiebel
2 Knoblauchzehen
1 rote Paprikaschote
1 EL Olivenöl
1 Scheibe Vollkorntoast
Salz
Pfeffer
1 Prise Zucker
Chili
1 Stück Schafskäse (ca. 60 g)
½ kleines Bund Basilikum

Zubereitungszeit
20 Minuten

Garzeit
ca. 15 Minuten

Nährwert pro Portion
240 Kilokalorien/1003 Kilojoule
9 g Eiweiß
15 g Fett
17 g Kohlenhydrate
5 g Ballaststoffe
55 mg Harnsäure

Zubereitung

1| Tomaten samt Saft in eine Schüssel gießen und grob zerkleinern. Zwiebel und Knoblauchzehen schälen und grob würfeln. Paprikaschote waschen, halbieren, Kerne, Samenwände und Strunk entfernen und Paprikahälften grob würfeln.

2| Hälfte des Öls erhitzen, Zwiebel- und die Hälfte der Knoblauchwürfel darin goldgelb andünsten, Paprikawürfel zugeben und kurz mitdünsten, mit Tomatenstücken samt Saft ablöschen und bei mittlerer Hitze ca. 10 Minuten köcheln lassen.

3| Toastbrot würfeln, restliches Öl erhitzen und Knoblauch- und Brotwürfel darin anrösten. Herausnehmen und zur Seite stellen.

4| Suppe mit Gewürzen abschmecken, mit einem Pürierstab fein mixen und Schafskäse darüber bröckeln. Basilikum waschen, trocknen, in Streifen schneiden und zusammen mit den Knoblauchcroûtons über die Suppe streuen.

Winterwurzelsuppe

preisgünstig

Zutaten für 2 Personen

1 kleine Zwiebel
1 Stück Knollensellerie (ca. 120 g)
1 Stück Topinambur oder Petersilienwurzel (ca. 120 g)
1 mittlere Kartoffel (ca. 80 g)
1 EL Rapsöl
1 Lorbeerblatt
½ l Gemüsebrühe
Salz
Pfeffer
Thymian
2 TL Zitronensaft
2 geh. EL Frischkäse, fettreduziert

Zubereitungszeit
20 Minuten

Garzeit
ca. 35 Minuten

Nährwert pro Portion
256 Kilokalorien/1070 Kilojoule
12 g Eiweiß
16 g Fett
15 g Kohlenhydrate
11 g Ballaststoffe
76 mg Harnsäure

Zubereitung

1| Zwiebel schälen und grob würfeln. Gemüse waschen, schälen und ebenfalls grob würfeln.

2| Öl erhitzen und Zwiebel- und Gemüsewürfel darin andünsten, Lorbeerblatt zufügen und mit Brühe ablöschen. Zugedeckt aufkochen lassen und bei mittlerer Hitze ca. 20–30 Minuten garen, bis das Gemüse weich ist.

3| Suppe mit Gewürzen abschmecken, Lorbeerblatt entfernen, Zitronensaft und Frischkäse zugeben und mit einem Pürierstab fein mixen.

Süßkartoffelsuppe mit knusprigen Süßkartoffelchips

raffiniert und gut vorzubereiten

Zutaten für 2 Personen

400 g Süßkartoffeln
1 kleine Zwiebel
1 Knoblauchzehe
1 Stück Ingwer (ca. 15 g)
1 rote Chilischote
1 EL Rapsöl
Salz
Pfeffer
1 EL Sesam
2 EL Kondensmilch, 7,5 % Fett
Saft von ½ Orange

Zubereitungszeit
30 Minuten

Garzeit
ca. 50 Minuten

Nährwert pro Portion
388 Kilokalorien/1622 Kilojoule
7 g Eiweiß
15 g Fett
54 g Kohlenhydrate
8 g Ballaststoffe
45 mg Harnsäure

Zubereitung

1| Süßkartoffeln waschen, schälen und bis auf eine halbe Kartoffel grob würfeln. Zwiebel, Knoblauch und Ingwer schälen und grob würfeln. Chili waschen, putzen, längs einschneiden, entkernen und hacken.

2| Die Hälfte des Öls in einem Topf erhitzen, Kartoffeln, Zwiebeln, Knoblauch, Ingwer und Chili darin 3-4 Minuten andünsten. Mit 1/2 l Wasser ablöschen, aufkochen und zugedeckt ca. 30–40 Minuten köcheln lassen.

3| Restliche Kartoffel in feine Scheiben hobeln, restliches Öl in einer beschichteten Pfanne erhitzen und Kartoffelscheiben darin von jeder Seite 1–2 Minuten knusprig braten. Herausnehmen, salzen und auf Küchenpapier abtropfen lassen.

4| Sesam in Bratfett anbraten, bis er aromatisch zu duften beginnt, herausnehmen und zur Seite stellen.

5| Kondensmilch und Orangensaft zur Suppe geben und mit einem Pürierstab fein mixen. Mit Salz und Pfeffer würzen und mit Sesam und Chips garniert servieren.

Hokkaidosuppe mit Apfel und Birne

preisgünstig

Zutaten für 2 Personen

1 Stück Hokkaidokürbis (ca. 230 g)
1 Birne (ca. 150 g)
1 Apfel (ca. 140 g)
1 Zwiebel
1 EL Kürbisöl
1 EL Ahornsirup
400 ml Gemüsebrühe
Salz
Pfeffer
Curry
Zimt

Zubereitungszeit
20 Minuten

Garzeit
ca. 20 Minuten

Nährwert pro Portion
234 Kilokalorien/978 Kilojoule
5 g Eiweiß
9 g Fett
32 g Kohlenhydrate
7 g Ballaststoffe
65 mg Harnsäure

Zubereitung

1| Kürbis, Birne und Apfel waschen, entkernen und Fruchtfleisch jeweils in grobe Würfel schneiden. Zwiebel schälen und grob würfeln.

2| Öl erhitzen und Gemüse- und Obstwürfel darin andünsten, Sirup zugeben und kurz karamellisieren lassen.

3| Mit Gemüsebrühe ablöschen und ca. 20 Minuten bei mittlerer Hitze köcheln lassen.

4| Suppe mit einem Pürierstab fein mixen und mit den Gewürzen herzhaft abschmecken.

Champignoncremesuppe mit Parmesan-Knusperle

gelingt leicht

Zutaten für 2 Personen

400 g Champignons
1 Zwiebel
2 mittlere Kartoffeln
1 EL Rapsöl
Salz
Pfeffer
1 Stück Parmesan (ca. 50 g)
2 Stiele Thymian
2 geh. EL Frischkäse, fettreduziert (ca. 60 g)

Zubereitungszeit
25 Minuten

Garzeit
ca. 30 Minuten

Nährwert pro Portion
359 Kilokalorien/1501 Kilojoule
20 g Eiweiß
24 g Fett
15 g Kohlenhydrate
7 g Ballaststoffe
140 mg Harnsäure

Zubereitung

1| Champignons mit einem Küchenkrepp säubern, putzen und grob hacken. Zwiebel schälen und fein würfeln. Kartoffeln waschen, schälen und in Würfel schneiden.

2| Öl erhitzen, Zwiebel- und Champignonwürfel darin andünsten, Kartoffeln zugeben und mit Salz und Pfeffer würzen. 600 ml Wasser zugießen, aufkochen lassen und zugedeckt 20 Minuten köcheln lassen.

3| Ein Backblech mit Backpapier auslegen. Backofen auf 200 °C (Ober- und Unterhitze) vorheizen. Parmesan fein reiben, Thymian waschen, trocknen und fein hacken. Thymian mit Parmesan mischen und als Streifen (ca. 2 x 5 cm) auf das Blech streuen.

4| Im Ofen ca. 8–10 Minuten backen, bis der Käse geschmolzen ist. Sobald die Knusperle etwas abgekühlt sind, diese in Stücke brechen.

5| Frischkäse in die Suppe rühren und mit einem Pürierstab fein mixen. Ggf. noch mal mit Salz und Pfeffer würzen und mit Parmesan-Knusperle garniert servieren.

Linseneintopf mit Mango

pikant

Zutaten für 2 Personen

4 EL getrocknete Linsen (z. B. Belugalinsen)
1 kleine Zwiebel
1 Stück Mango (ca. 250 g)
2 Frühlingszwiebeln
1 EL Rapsöl
600 ml Gemüsebrühe
Salz
Pfeffer

Zubereitungszeit
15 Minuten

Garzeit
ca. 40 Minuten

Nährwert pro Portion
235 Kilokalorien/982 Kilojoule
10 g Eiweiß
10 g Fett
26 g Kohlenhydrate
6 g Ballaststoffe
107 mg Harnsäure

Zubereitung

1| 700 ml Wasser in einen Topf geben und zusammen mit den Linsen zum Kochen bringen. Linsen nach Packungsanweisung (ca. 30 Minuten) weich kochen, abgießen und in einem Sieb abtropfen lassen.

2| Zwiebel und Mango schälen und in Würfel schneiden. Frühlingszwiebeln waschen, putzen und in schmale Ringe schneiden.

3| Öl erhitzen, Zwiebelwürfel darin andünsten, Linsen zugeben, mit Brühe ablöschen und 10 Minuten köcheln lassen.

4| Mit Salz und Pfeffer herzhaft würzen und mit Mango und Frühlingszwiebeln bestreut servieren.

Tipps und Hinweise
Trotz des relativ hohen Harnsäuregehaltes sind Hülsenfrüchte für Gichtpatienten geeignet, wenn nicht zusätzlich Fleisch bzw. Wurstwaren gegessen werden.

Erbsen-Creme-Suppe

Preiswert

Zutaten für 2 Personen

1 kleine Zwiebel
1 mittlere Kartoffel
1 EL Rapsöl
300 ml Gemüsebrühe
200 g Erbsen, tiefgekühlt
4 EL Milch, 1,5 % Fett
Salz
Pfeffer
Zucker
1 TL Zitronensaft
1 EL gehackte Petersilie

Zubereitungszeit
10 Minuten

Garzeit
ca. 15 Minuten

Nährwert pro Portion
233 Kilokalorien/974 Kilojoule
12 g Eiweiß
10 g Fett
24 g Kohlenhydrate
8 g Ballaststoffe
217 mg Harnsäure

Zubereitung

1| Zwiebel schälen und würfeln. Kartoffel waschen, schälen und ebenfalls würfeln. Öl erhitzen, Zwiebel- und Kartoffelwürfel darin andünsten und mit Gemüsebrühe ablöschen. Aufkochen und zugedeckt ca. 10 Minuten köcheln lassen.

2| Erbsen zugeben, nochmals aufkochen und weitere 5 Minuten garen. Milch zugießen und Suppe mit einem Pürierstab fein mixen.

3| Suppe mit den Gewürzen und dem Zitronensaft abschmecken und mit Petersilie bestreut servieren.

Sauerkraut-Tomaten-Topf

geht schnell

Zutaten für 2 Personen

1 kleine Zwiebel
200 g Sauerkraut
1 EL Rapsöl
1 Prise Zucker
1 EL Tomatenmark
200 g Tomaten (Dose)
1 Glas Tomatensaft (ca. 200 ml)
Salz
Pfeffer
Kümmel
Paprika, scharf
Majoran

Zubereitungszeit
10 Minuten

Garzeit
ca. 20 Minuten

Nährwert pro Portion
134 Kilokalorien/560 Kilojoule
4 g Eiweiß
9 g Fett
9 g Kohlenhydrate
5 g Ballaststoffe
55 mg Harnsäure

Zubereitung

1| Zwiebel schälen und fein würfeln. Sauerkraut gut abtropfen lassen.

2| Öl erhitzen und Zwiebel und Sauerkraut darin andünsten. Zucker und Tomatenmark zugeben und kurz mitgaren. Mit Tomaten und Saft ablöschen und ca. 20 Minuten bei mittlerer Hitze köcheln lassen.

3| Suppe mit Gewürzen abschmecken und sofort servieren.

Kresse-Creme-Suppe mit Paprika-Croûtons

geht schnell

Zutaten für 2 Personen

1 Kästchen Kresse
1 kleine Zwiebel
1 EL Rapsöl
1 EL Weizenmehl, Typ 550
400 ml Gemüsebrühe
1 Scheibe Vollkorntoast
Paprika, edelsüß
2 geh. EL Frischkäse, fettreduziert
Salz
Pfeffer
1 Prise Zucker

Zubereitungszeit
10 Minuten

Garzeit
ca. 10 Minuten

Nährwert pro Portion
271 Kilokalorien/1133 Kilojoule
10 g Eiweiß
17 g Fett
20 g Kohlenhydrate
3 g Ballaststoffe
56 mg Harnsäure

Zubereitung

1| Kresse abschneiden, waschen und trocknen. Zwiebel schälen und fein würfeln.
2| Hälfte des Öls erhitzen, Zwiebel darin andünsten, mit Mehl bestäuben und kurz goldgelb anschwitzen. Unter Rühren Gemüsebrühe zugießen, aufkochen lassen und ca. 5 Minuten köcheln lassen.
3| Toastbrot in Würfel schneiden, restliches Öl in einer beschichteten Pfanne erhitzen und Brotwürfel darin unter Wenden rösten, mit Paprikapulver würzen und zur Seite stellen.
4| Frischkäse und Kresse zur Suppe geben, einmal aufkochen lassen, mit Salz, Pfeffer und Zucker würzen und mit einem Pürierstab cremig mixen.
5| Mit Paprikacroûtons bestreut servieren.

Käseknödelsuppe

preisgünstig

Zutaten für 2 Personen

Käseknödel

2 alte Brötchen
1 kleine Zwiebel
1 Stück Emmentaler,
45 % Fett i. Tr. (ca. 80 g)
1 TL Rapsöl
1 Ei
4 EL Milch, 1,5 % Fett
Salz
Pfeffer
2 TL Weizenmehl, Typ 550
2 EL gehackte Petersilie

Suppe

1 Stück Karotte (ca. 50 g)
1 Stück Lauch (ca. 50 g)
1 Stück Sellerie (ca. 50 g)
300 ml Gemüsebrühe, siehe Rezept Seite 100 oder Instantbrühe

Zubereitungszeit

30 Minuten

Garzeit

ca. 25 Minuten

Nährwert pro Portion
443 Kilokalorien/1851 Kilojoule
27 g Eiweiß
21 g Fett
36 g Kohlenhydrate
6 g Ballaststoffe
112 mg Harnsäure

Zubereitung

1| Brötchen in kleine Würfel schneiden. Zwiebel schälen und fein würfeln. Käse fein reiben. Öl erhitzen und Zwiebel darin glasig andünsten. Herausnehmen und kurz abkühlen lassen und zusammen mit dem geriebenen Käse und der Petersilie zu den Brötchen geben.

2| Ei und Milch verquirlen, mit Salz und Pfeffer würzen und über die Brötchen gießen. Mehl darüber stäuben, Petersilie zugeben und alles mit den Händen gut verkneten. 30 Minuten ruhen lassen.

3| Gemüse waschen, putzen, schälen und in schmale Streifen schneiden.

4| Teig nochmals gut durchkneten und mit angefeuchteten Händen Knödel daraus formen. In kochendem Salzwasser ca. 12–15 Minuten gar ziehen lassen.

5| Gemüsebrühe aufkochen, Gemüsestreifen darin 5 Minuten köcheln lassen und mit Salz und Pfeffer würzen. Knödel in zwei Suppentellern aufteilen und mit Brühe und Gemüsestreifen aufgefüllt servieren.

Tipps und Hinweise
Die Suppe liefert reichlich Kalorien, Eiweiß und Fett. Daher sollten Sie die Suppe nur zu besonderen Anlässen genießen.

Minestrone

der italienische Suppen-„Klassiker"

Zutaten für 2 Personen

1 Zwiebel
1 Knoblauchzehe
1 Portion grüne Bohnen (ca. 150 g)
1 Portion Staudensellerie (ca. 150 g)
3 Tomaten (ca. 180 g)
1 EL Olivenöl
1 EL Tomatenmark
1 Prise Zucker
½ l Gemüsebrühe, siehe Rezept Seite 100 oder Instantbrühe
50 g Suppennudeln
4 Zweige Oregano
Salz
Pfeffer
2 EL ger. Parmesan

Zubereitungszeit
15 Minuten

Garzeit
ca. 15 Minuten

Nährwert pro Portion
277 Kilokalorien/1158 Kilojoule
13 g Eiweiß
11 g Fett
31 g Kohlenhydrate
8 g Ballaststoffe
168 mg Harnsäure

Zubereitung

1| Zwiebel und Knoblauchzehe schälen und fein würfeln. Bohnen, Staudensellerie und Tomaten waschen und putzen. Bohnen halbieren, Staudensellerie in 1/2 cm große Stücke schneiden und Tomaten grob würfeln.

2| Öl erhitzen, Zwiebel- und Knoblauchwürfel darin anbraten, Tomatenmark und Zucker zugeben und kurz mitrösten. Mit Gemüsebrühe ablöschen, restliches Gemüse, Nudeln und Oregano zugeben, aufkochen lassen und zugedeckt 10–12 Minuten garen.

3| Suppe mit Salz und Pfeffer würzen und mit Parmesan bestreut servieren.

Tipps und Hinweise
Trotz des relativ hohen Harnsäuregehaltes sind Hülsenfrüchte für Gichtpatienten geeignet, wenn nicht zusätzlich Fleisch bzw. Wurstwaren gegessen werden.
Es eignen sich natürlich auch harnsäurearme Gemüsesorten zur Herstellung der Minestrone, z. B. Zucchini, Paprika, Lauch, Karotten oder Kohlrabi.

Gemüsebrühe „selbstgemacht"

gut vorzubereiten

Zutaten für 1 Liter

4 Karotten
1 Stück Sellerie (ca. 200 g)
2 Stangen Lauch
2 große Gemüsezwiebeln
2 Tomaten
1 Bund Petersilie
1 TL weiße Pfefferkörner
1 TL Senfkörner
1 Lorbeerblatt
1 Nelke
1 Knoblauchzehe
Salz

Zubereitungszeit
30 Minuten

Garzeit
30 Minuten

Ziehzeit
1 Stunde

Eine Portion (ca. ¼ Liter) enthält
82 Kilokalorien/343 Kilojoule
5 g Eiweiß
1 g Fett
13 g Kohlenhydrate
0 g Ballaststoffe
60 mg Harnsäure

Zubereitung

1| Gemüse waschen und putzen. Zwiebel schälen und mit restlichen Gemüsesorten in grobe Stücke schneiden. Petersilie waschen, trocknen und grob zerkleinern.

2| Einen großen Topf mit 1,5 Liter Wasser befüllen, vorbereitete Zutaten und Gewürze hinein geben. Knoblauchzehe schälen und zerdrücken, ebenfalls in den Topf geben und erhitzen. Den entstehenden Schaum abschöpfen. Bei mittlerer Hitze ca. 30 Minuten ohne Deckel kochen lassen. Danach vom Herd nehmen und noch 1 Stunde ziehen lassen.

3| Sieb mit einem sauberen Küchentuch auslegen und fertige Brühe behutsam durch das Sieb gießen. Erst jetzt mit Salz würzen.

Hinweis

Die Mengenangaben sind für 1 Liter Brühe berechnet, da sich die Brühe sehr gut einfrieren lässt. Es bietet sich hier sogar an, die doppelte Menge zuzubereiten, da die Brühe vielseitig einsetzbar ist (z. B. für Suppen oder Saucen). Der Ballaststoffgehalt liegt bei 0 g, da das Gemüse nach dem Garen nicht mitgegessen wird.

Variation

Ebenso eignen sich auch getrocknete Pilze zur Herstellung einer Pilzbrühe. Verwenden Sie hierfür zusätzlich 30 g getrocknete Pilze, die Sie im Gewürzregal von Supermärkten finden.

Saucen, Dips und Dressings

Dijon-Honig-Sauce

süß-sauer

Zutaten für 2 Personen

2 EL Saure Sahne, 10 % Fett (ca. 30 g)
2 EL Naturjoghurt, 1,5 % Fett (ca. 40 g)
1 leicht geh. EL Dijonsenf
2 TL Honig
Salz
Pfeffer

Zubereitungszeit
5 Minuten

Nährwert pro Portion
71 Kilokalorien/297 Kilojoule
2 g Eiweiß
4 g Fett
7 g Kohlenhydrate
0 g Ballaststoffe
3 mg Harnsäure

Zubereitung

Saure Sahne und Joghurt miteinander verrühren. Senf und Honig unterrühren und mit Salz und Pfeffer würzig abschmecken.

Cumberlandsauce

geht schnell

Zutaten für 2 Personen

100 g rotes Johannisbeergelee
1 knapper TL Senf
Schale und Saft von ½ Bio-Orange
½ gestr. TL Stärke
Salz
Pfeffer

Zubereitungszeit
5 Minuten

Garzeit
ca. 5 Minuten

Nährwert pro Portion
150 Kilokalorien/627 Kilojoule
1 g Eiweiß
0 g Fett
36 g Kohlenhydrate
1 g Ballaststoffe
8 mg Harnsäure

Zubereitung

1| Gelee bei schwacher Hitze unter Rühren erwärmen. Senf, Orangenschale und -saft bis auf 1 EL Saft zufügen und kurz aufkochen lassen. Stärke mit EL Saft glatt rühren, in kochende Flüssigkeit einrühren, unter Rühren aufkochen lassen und mind. 1 Minute köcheln lassen.

2| Mit Salz und Pfeffer würzen.

Variation
Wer die Sauce herzhafter mag, kann einen knappen Esslöffel eingelegte grüne Pfefferkörner zufügen.

Tomatensauce „Diabolo“

geht schnell

Zutaten für 2 Personen

1 kleine Zwiebel
1 Knoblauchzehe
1 kleine rote Chilischote
1 TL Olivenöl
4 EL Tomaten, stückig aus der Dose (ca. 140 g)
Salz
Pfeffer
1 Prise Zucker

Zubereitungszeit
10 Minuten

Garzeit
ca. 8 Minuten

Nährwert pro Portion
50 Kilokalorien/209 Kilojoule
1 g Eiweiß
3 g Fett
4 g Kohlenhydrate
1 g Ballaststoffe
12 mg Harnsäure

Zubereitung

1| Zwiebel und Knoblauchzehe schälen und in feine Würfel schneiden. Chilischote waschen, halbieren, Kerne und Samenwände entfernen und Schotenhälften in feine Würfel schneiden.

2| Öl erhitzen und Gemüsewürfel darin glasig andünsten. Tomatenstücke zugießen und bei mittlerer Hitze ca. 5 Minuten köcheln lassen. Mit Salz, Pfeffer und Zucker würzig abschmecken.

Oliven-Schafskäse-Sauce

geht schnell

Zutaten für 2 Personen

2 EL schwarze Oliven
1 Stück Schafskäse
(ca. 120 g)
4 EL Naturjoghurt, 1,5 % Fett
(ca. 80 g)
1 TL Olivenöl
Pfeffer

Zubereitungszeit
5 Minuten

Nährwert pro Portion
222 Kilokalorien/928 Kilojoule
12 g Eiweiß
18 g Fett
2 g Kohlenhydrate
0 g Ballaststoffe
21 mg Harnsäure

Zubereitung

Oliven entsteinen und hacken. Käse zerbröckeln, mit Joghurt und Öl gründlich verrühren. Oliven untermengen und mit Pfeffer abschmecken.

Tomaten-Salsa

geht schnell

Zutaten für 2 Personen

3 Tomaten
1 kleine Zwiebel
1 TL Olivenöl
2 EL Aprikosenkonfitüre
Salz
Pfeffer
Chilipulver
1 TL Balsamico-Essig
einige Zweige Basilikum

Zubereitungszeit
10 Minuten

Garzeit
ca. 5 Minuten

Nährwert pro Portion
106 Kilokalorien/443 Kilojoule
1 g Eiweiß
3 g Fett
17 g Kohlenhydrate
2 g Ballaststoffe
15 mg Harnsäure

Zubereitung

1| Tomaten waschen, halbieren, Strunk entfernen und Tomatenhälften würfeln. Zwiebel schälen und würfeln. Öl erhitzen, Zwiebelwürfel anbraten, Konfitüre zugeben, kurz mitköcheln und Tomaten unterrühren. Mit Salz, Pfeffer, Chili und Essig würzen.

2| Basilikum waschen, trocknen, in schmale Streifen schneiden und unter die Salsa mischen.

Orangen-Aioli

besonders fruchtig

Zutaten für 2 Personen

½ Bio-Orange
3 EL Naturjoghurt, 1,5 % Fett
3 EL Schmand
1 kleine Knoblauchzehe
Salz
Pfeffer

Zubereitungszeit
10 Minuten

Nährwert pro Portion
72 Kilokalorien/301 Kilojoule
2 g Eiweiß
5 g Fett
4 g Kohlenhydrate
1 g Ballaststoffe
4 mg Harnsäure

Zubereitung

Orange heiß waschen und trocken reiben. Schale abreiben und Orange auspressen. Saft mit Joghurt und Schmand verrühren. Knoblauch schälen, dazu pressen und mit Salz und Pfeffer würzen.

Sauerrahm-Dip

geht schnell

Zutaten für 2 Personen

2 geh. EL Saure Sahne, 10 % Fett
2 EL Naturjoghurt, 1,5 % Fett
2 EL Schnittlauchröllchen
1 EL Zitronensaft
Salz
Pfeffer

Zubereitungszeit
5 Minuten

Nährwert pro Portion
54 Kilokalorien/226 Kilojoule
2 g Eiweiß
4 g Fett
2 g Kohlenhydrate
0 g Ballaststoffe
3 mg Harnsäure

Zubereitung

Aus Saurer Sahne und Joghurt eine homogene Masse herstellen. Mit Schnittlauch, Zitronensaft und Gewürzen abschmecken und gleich servieren.

Frühlings-Dip

geht schnell

Zutaten für 2 Personen

4 Frühlingszwiebeln
2 Radieschen
1 Becher Naturjoghurt, 1,5 % Fett
Salz
Pfeffer
1 Messerspitze Meerrettich aus dem Glas

Zubereitungszeit
10 Minuten

Nährwert pro Portion
39 Kilokalorien/163 Kilojoule
3 g Eiweiß
1 g Fett
4 g Kohlenhydrate
1 g Ballaststoffe
4 mg Harnsäure

Zubereitung

1| Frühlingszwiebeln und Radieschen waschen, trocknen und putzen. Frühlingszwiebeln in schmale Röllchen schneiden. Radieschen in feine Stifte schneiden.

2| Joghurt glatt rühren und mit den Gewürzen und den Meerrettich abschmecken. Frühlingszwiebeln und Radieschen untermischen und gleich servieren.

Zwiebel-Relish

preisgünstig

Zutaten für 2 Personen

3 Zwiebeln (ca. 200 g)
½ EL Rapsöl
1 TL brauner Zucker
2 EL roter Traubensaft
2 EL Balsamico-Essig
Salz
Pfeffer

Zubereitungszeit
5 Minuten

Garzeit
ca. 35 Minuten

Nährwert pro Portion
88 Kilokalorien/368 Kilojoule
1 g Eiweiß
4 g Fett
10 g Kohlenhydrate
2 g Ballaststoffe
18 mg Harnsäure

Zubereitung

Zwiebeln schälen und grob würfeln. In Öl glasig dünsten, Zucker zugeben und kurz karamellisieren lassen, mit Saft und Essig ablöschen. 20–30 Minuten dicklich einkochen lassen und mit Salz und Pfeffer abschmecken.

Orangen-Joghurt-Dressing

gelingt leicht

Zutaten für 2 Personen

1 Bio-Orange
½ Becher Naturjoghurt, 1,5 % Fett
1 EL Honig
1 EL Weißweinessig
Salz
Pfeffer
1 EL Schnittlauchröllchen

Zubereitungszeit
10 Minuten

Nährwert pro Portion
69 Kilokalorien/288 Kilojoule
2 g Eiweiß
1 g Fett
13 g Kohlenhydrate
0 g Ballaststoffe
9 mg Harnsäure

Zubereitung

Orange heiß waschen, Schale abreiben und Orange auspressen. Joghurt mit Honig, Essig und Orangensaft sowie -schale verrühren. Dressing mit Salz, Pfeffer und Schnittlauchröllchen abschmecken.

Frankfurter-Kräuter-Dressing

gelingt leicht

Zutaten für 2 Personen

- 1 kleines Bund Frankfurter Kräuter
- 1 Schalotte
- 1 TL Senf
- 1 EL Rapsöl
- 1 EL weißer Balsamico-Essig
- Salz
- Pfeffer
- 1 Prise Zucker

Zubereitungszeit
10 Minuten

Nährwert pro Portion
83 Kilokalorien/347 Kilojoule
1 g Eiweiß
8 g Fett
2 g Kohlenhydrate
0 g Ballaststoffe
2 mg Harnsäure

Zubereitung

Kräuter waschen, trocknen, Blättchen von den Stengeln zupfen und Blättchen fein hacken. Schalotte schälen und fein würfeln. Senf, Öl, Essig und Gewürze miteinander verrühren, gehackte Kräuter unterrühren. Evtl. noch Wasser zufügen.

Zitronen-Vinaigrette

geht schnell

Zutaten für 2 Personen

2 EL Zitronensaft
4 EL Orangensaft
½ TL abger. Bio-Zitronenschale
1 EL Olivenöl
Salz
Pfeffer
1 Prise Zucker

Zubereitungszeit
5 Minuten

Nährwert pro Portion
92 Kilokalorien/385 Kilojoule
0 g Eiweiß
8 g Fett
4 g Kohlenhydrate
0 g Ballaststoffe
9 mg Harnsäure

Zubereitung

Säfte, Zitronenschale und Öl miteinander verschlagen und mit den Salz, Pfeffer und Zucker abschmecken.

Tomaten-Basilikum-Dressing

gelingt leicht

Zutaten für 2 Personen

2 getrocknete Tomaten, in Öl eingelegt
6 Cocktailtomaten
1 Knoblauchzehe
½ kl. Bund Basilikum
1 EL Olivenöl
1 EL Balsamico-Essig
Salz
Pfeffer
1 Prise Zucker

Zubereitungszeit
15 Minuten

Nährwert pro Portion
94 Kilokalorien/393 Kilojoule
1 g Eiweiß
8 g Fett
4 g Kohlenhydrate
1 g Ballaststoffe
13 mg Harnsäure

Zubereitung

1| Getrocknete Tomaten gut abtropfen lassen und in schmale Streifen schneiden. Cocktailtomaten waschen und halbieren. Knoblauchzehe schälen und in feine Würfel schneiden.

2| Basilikum waschen, trocknen, Blättchen abzupfen und in feine Streifen schneiden.

3| Öl, Essig und Gewürze miteinander verrühren und vorbereitete Zutaten untermengen.

Senf-Vinaigrette

geht schnell

Zutaten für 2 Personen

1 EL Rapsöl
1 EL Weißweinessig
1 TL Senf, z. B. Dijonsenf
1 TL Ahornsirup oder Honig
Salz
Pfeffer
1 geh. EL gehackte Petersilie

Zubereitungszeit
5 Minuten

Nährwert pro Portion
88 Kilokalorien/368 Kilojoule
1 g Eiweiß
8 g Fett
3 g Kohlenhydrate
1 g Ballaststoffe
5 mg Harnsäure

Zubereitung

Öl, Essig, Senf und Ahornsirup miteinander verrühren und mit den Gewürzen und Kräutern abschmecken.

Hauptgerichte

Hack-Lauch-Pfanne mit knusprigen Kartoffelwürfeln

preiswert

Zutaten für 2 Personen

Hack-Lauch-Pfanne
1½ mittlere Stangen Lauch (ca. 300 g)
100 g gemischtes Hackfleisch
1 TL Rapsöl
1 Tasse Milch, 1,5 % Fett
2 EL Frischkäse, fettreduziert
Salz
Pfeffer
Curry

Kartoffelwürfel
4 eigroße Kartoffeln
1 Knoblauchzehe
1 TL Rapsöl

Zubereitungszeit
20 Minuten

Garzeit
ca. 20 Minuten

Nährwert pro Portion
430 Kilokalorien/1797 Kilojoule
27 g Eiweiß
21 g Fett
32 g Kohlenhydrate
7 g Ballaststoffe
175 mg Harnsäure

Zubereitung

1| Lauch putzen, der Länge nach halbieren, unter fließendem, kaltem Wasser gründlich waschen, in halbe Ringe schneiden und gut abtropfen lassen.

2| Hackfleisch in einer beschichteten Pfanne krümelig braten und beiseite stellen.

3| Öl in der Pfanne erhitzen, Lauch darin andünsten und mit Milch ablöschen, aufkochen lassen, Frischkäse darin schmelzen lassen und mit Gewürzen abschmecken. Bei mittlerer Hitze 8–10 Minuten köcheln lassen.

4| Kartoffeln waschen, schälen und in kleine Würfel schneiden. Knoblauch schälen und halbieren. Öl erhitzen, Knoblauch und Kartoffeln darin anbacken und ca. 5 Minuten knusprig anbraten. Mit Salz und Pfeffer würzen.

5| Hackfleisch zum Lauch geben, ggf. nochmals würzen und mit Kartoffelwürfeln servieren.

Karotten-Hackfleisch-Frikadellen mit Ofenkartoffel und Senfdip

preiswert

Zutaten für 2 Personen

Ofenkartoffel mit Senfdip

2 große Kartoffeln
(à ca. 250 g)
½ Pck. Magerquark (ca. 125 g)
2 EL Buttermilch
1 TL Dijonsenf
1 TL mittelscharfer Senf
Salz
Pfeffer

Frikadellen

1 Scheibe Vollkorntoastbrot
1 Karotte (ca. 100 g)
1 kleine Zwiebel
2 Zweige Petersilie
100 g gemischtes Hackfleisch
1 Ei
1 TL Senf
Salz
Pfeffer
1 EL Rapsöl

Zubereitungszeit

30 Minuten

Garzeit

45 Minuten

Nährwert pro Portion
566 Kilokalorien/2366 Kilojoule
35 g Eiweiß
20 g Fett
58 g Kohlenhydrate
10 g Ballaststoffe
160 mg Harnsäure

Zubereitung

1| Backofen auf 220 °C (Ober- und Unterhitze) vorheizen. Kartoffeln gründlich waschen, trocknen und in Alufolie einwickeln. Im Ofen ca. 45 Minuten backen.

2| Quark und Buttermilch mit einem Schneebesen cremig rühren, Senf und Gewürze dazugeben und abschmecken.

3| Toastbrot in kaltem Wasser einweichen.

4| Karotte waschen, Karotte und Zwiebel schälen. Karotte fein raspeln, Zwiebel in feine Würfel schneiden. Petersilie waschen, trocknen, Blättchen abzupfen und fein hacken.

5| Toastbrot gut ausdrücken, zerpflücken und zusammen mit Hackfleisch, Ei, Senf, Gewürzen und Karotten, Zwiebeln und Petersilie zu einem glatten Teig verarbeiten.

6| Öl in einer beschichteten Pfanne erhitzen, aus dem Fleischteig zwei Frikadellen formen und bei mittlerer Hitze von jeder Seite 4–5 Minuten braten. Mit Ofenkartoffeln und Senfdip servieren.

Rindfleisch-Ananas-Curry mit Reisnudeln

süß-sauer pikant

Zutaten für 2 Personen

150 g Rumpsteak
½ Glas Ananassaft (ca. 100 ml)
2 EL Sojasauce
1 EL Speisestärke
1 Stück Ingwer (ca. 10 g)
1 kleine Knoblauchzehe
1 Stück frische Ananas (ca. 450 g)
1 Zwiebel
1 EL Sojaöl
½ Tasse Gemüsebrühe (ca. 75 ml)
½ Tasse Kokosmilch (ca. 75 ml)
120 g Woknudeln (Garzeit 3–4 Minuten)
Salz
Pfeffer
½ TL rote Currypaste

Zubereitungszeit
25 Minuten

Marinierzeit
30 Minuten

Garzeit
ca. 10 Minuten

Nährwert pro Portion
482 Kilokalorien/2015 Kilojoule
29 g Eiweiß
12 g Fett
62 g Kohlenhydrate
5 g Ballaststoffe
207 mg Harnsäure

Zubereitung

1| Fleisch waschen, trocknen und in Streifen schneiden. Aus Ananassaft, Sojasauce und Stärke eine Marinade herstellen. Ingwer und Knoblauch schälen und in feine Würfel schneiden. Mit den Fleischstreifen unter die Marinade rühren und ca. 30 Minuten marinieren.

2| Ananas schälen, Strunk entfernen und in mundgerechte Stücke schneiden. Zwiebel schälen und in kleine Würfel schneiden.

3| Hälfte des Öls erhitzen, abgetropfte Fleischstreifen ca. 3–5 Minuten darin scharf anbraten, herausnehmen und zur Seite stellen.

4| Ananas und Zwiebel im restlichen Öl anbraten, mit Marinade, Gemüsebrühe und Kokosmilch ablöschen, Fleischstreifen und Woknudeln zugeben, einmal aufkochen lassen und ca. 3–4 Minuten köcheln lassen. Mit Gewürzen abschmecken und gleich servieren.

Schweine-Hokkaido-Gulasch mit Curryreis

preiswert

Zutaten für 2 Personen

Gulasch

1 Zwiebel
150 g Schweinegulasch (z. B. Schulter)
1 EL Rapsöl
Salz
Pfeffer
1 geh. EL Rosinen
1 kleine Zimtstange
Chilipulver
2 Tassen Gemüsebrühe (ca. 300 ml)
1 Stück Hokkaidokürbis (ca. 550 g)
2 EL Frischkäse, fettreduziert

Reis

1 Tasse Naturreis
1 kleine Zwiebel
1 TL Rapsöl
Curry
Salz
Pfeffer
1 kleines Lorbeerblatt
2 Tassen Gemüsebrühe

Zubereitungszeit

30 Minuten

Garzeit

1 Stunde und 15 Minuten

Nährwert pro Portion
593 Kilokalorien/2478 Kilojoule
29 g Eiweiß
27 g Fett
55 g Kohlenhydrate
9 g Ballaststoffe
254 mg Harnsäure

Zubereitung

1| Zwiebel schälen und in Würfel schneiden.
2| Hälfte des Öls erhitzen und das Gulaschfleisch scharf darin anbraten, mit Salz und Pfeffer würzen. Fleisch herausnehmen und beiseite stellen.
3| Im restlichen Öl Zwiebel andünsten, Fleisch, Rosinen, Zimtstange zugeben und mit Salz, Pfeffer und Chili würzen. Gemüsebrühe angießen und aufkochen lassen.
4| Gulasch hinzufügen und zugedeckt bei mittlerer Hitze 1 Stunde schmoren lassen, ggf. noch Wasser zugießen.
5| Reis unter kaltem Wasser waschen und gut abtropfen lassen. Zwiebel schälen und in feine Würfel schneiden.
6| Öl erhitzen, Zwiebel darin andünsten, Reis, Gewürze und Lorbeerblatt dazugeben und mit Gemüsebrühe ablöschen. Reis nach Packungsanweisung 30–40 Minuten garen. Am Ende der Garzeit Lorbeerblatt entfernen.
7| Kürbis gründlich waschen, Kerne entfernen und mit der Schale in mundgerechte Würfel schneiden. Nach 40 Minuten Garzeit zum Gulasch geben und die restlichen 20 Minuten mitschmoren lassen.
8| Frischkäse glatt rühren und am Ende der Garzeit in das Gulasch einrühren, ggf. nochmals mit Gewürzen abschmecken.

Tipp

Reduzieren Sie die Harnsäuremenge bei den anderen Mahlzeiten dieses Tages, indem Sie ein harnsäurearmes Frühstück und Abendessen auswählen, z. B. das Bauernfrühstück auf Seite 36 und den Käseschmarrn mit Frühlingssalat auf den Seiten 158 und 159 wählen.

Knusperhähnchen mit rotem Püree

gelingt leicht

Zutaten für 2 Personen

Hähnchen
2 kleine Hähnchenkeulen
1 TL Rapsöl
1 EL flüssiger Honig (z. B. Akazie)
Salz
Pfeffer
Curry

Püree
4 eigroße Kartoffeln
1 Stück Hokkaidokürbis (ca. 150 g)
1 Karotte (ca. 150 g)
2 Gläser Milch, 1,5 % Fett (ca. 400 ml)
Muskatnuss
1 EL Schnittlauchröllchen

Zubereitungszeit
40 Minuten

Garzeit
ca. 45 Minuten

Nährwert pro Portion
563 Kilokalorien/2353 Kilojoule
46 g Eiweiß
20 g Fett
48 g Kohlenhydrate
7 g Ballaststoffe
248 mg Harnsäure

Zubereitung

1| Backofen auf 200 °C (Ober- und Unterhitze) vorheizen.

2| Hähnchenkeulen gründlich unter kaltem Wasser waschen und mit einem Küchenkrepp gut abtupfen.

3| Aus Öl, Honig und Gewürzen eine Marinade herstellen und Hähnchenkeulen damit bestreichen. Keulen auf ein Backblech legen und im Ofen ca. 30–40 Minuten backen. Immer wieder mit heraustropfendem Fett bestreichen.

4| Kartoffeln, Kürbis und Karotte waschen und trocknen. Kartoffeln und Karotte schälen und in gleichgroße Würfel schneiden. Kürbis entkernen und mit der Schale in Würfel schneiden.

5| Milch und Gemüsewürfel in einen Topf geben und aufkochen lassen. Bei reduzierter Hitze unter häufigem Rühren in ca. 20 Minuten gar kochen. Falls noch Flüssigkeit benötigt wird, Wasser zugießen.

6| Masse mit einem Pürierstab fein mixen und mit Muskatnuss, Salz, Pfeffer und Schnittlauchröllchen würzen.

7| Etwas Bratenfond über die Keulen geben und mit Püree servieren.

Tipp
Den Harnsäuregehalt dieses Gerichtes können Sie deutlich verringern, indem Sie die Haut der Hähnchenkeulen vor der Zubereitung entfernen.

Rotbarsch mit fruchtigen Tomaten-Fenchel-Nudeln

geht schnell

Zutaten für 2 Personen

120 g eifreie Bandnudeln
Salz
1 kleines Rotbarschfilet (ca. 100 g)
1 EL Zitronensaft
1 Fenchelknolle (ca. 180 g)
1 Zwiebel
1 Knoblauchzehe
4 mittlere Tomaten
1 EL Olivenöl
Pfeffer
1 TL gehackte Petersilie

Zubereitungszeit
25 Minuten

Garzeit
ca. 20 Minuten

Nährwert pro Portion
405 Kilokalorien/1693 Kilojoule
22 g Eiweiß
11 g Fett
53 g Kohlenhydrate
8 g Ballaststoffe
141 mg Harnsäure

Zubereitung

1| Nudeln nach Packungsanleitung in reichlich Salzwasser al dente garen.

2| Fischfilet waschen, trocknen, in Würfel schneiden, mit Zitronensaft beträufeln und mit Salz würzen.

3| Fenchel waschen, putzen, in kleine Würfel schneiden und in kochendem Salzwasser 1 Minute blanchieren. Gemüsewasser auffangen. Zwiebel und Knoblauch schälen und ebenfalls fein würfeln. Tomaten waschen, halbieren, Strunk entfernen und Tomaten in Würfel schneiden.

4| Hälfte des Öls erhitzen, Fischwürfel 2 Minuten kräftig anbraten, herausnehmen und warm stellen. Im restlichen Öl Zwiebel- und Knoblauchwürfel glasig dünsten, Fenchelwürfel dazugeben und 2 Minuten mitbraten. 100 ml Gemüsewasser zugeben, aufkochen lassen, Tomatenwürfel untermengen und 5 Minuten köcheln lassen.

5| Mit Salz, Pfeffer und Petersilienblätter würzen, Fischwürfel zugeben und abgetropfte Bandnudeln vorsichtig untermengen.

Hinweis
Um mehr Ballaststoffe aufzunehmen, verwenden Sie Vollkornbandnudeln.

Kabeljau mit Paprikasauce und Gewürzreis

preisgünstig

Zutaten für 2 Personen

1 Kabeljaufilet (ca. 120 g)
1 EL Zitronensaft
Salz
1 Tasse (ca. 150 ml) und
2 Gläser (ca. 200 ml)
Gemüsebrühe
100 g Vollkornreis
1 kleines Lorbeerblatt
1 kleine Nelke
Paprikapulver, edelsüß
2 rote Paprikaschoten
1 gelbe Paprikaschote
1 Zwiebel
1 Knoblauchzehe
1 EL Olivenöl
Pfeffer

Zubereitungszeit
30 Minuten

Garzeit
ca. 1 Stunde

Nährwert pro Portion
372 Kilokalorien/1555 Kilojoule
22 g Eiweiß
11 g Fett
49 g Kohlenhydrate
7 g Ballaststoffe
187 mg Harnsäure

Zubereitung

1| Kabeljaufilet waschen, trocknen, in Würfel schneiden, mit Zitronensaft beträufeln und mit Salz würzen.

2| 200 ml Gemüsebrühe aufkochen, Reis mit Lorbeerblatt und Nelke zur kochenden Brühe geben und nach Packungsanweisung ca. 30–40 Minuten garen. Am Ende der Garzeit Lorbeerblatt und Nelke entfernen und mit Salz und Paprikapulver würzen.

3| Paprikaschoten waschen, trocknen, halbieren, Kerne und Samenwände entfernen und Paprikahälften in Würfel schneiden. Zwiebel- und Knoblauch schälen und in feine Würfel schneiden.

4| Hälfte des Öls erhitzen, Zwiebel- und Knoblauchwürfel darin glasig dünsten, Paprikawürfel dazugeben und einige Minuten mitdünsten. Ein Drittel der Paprika-Zwiebel-Würfel herausnehmen und zur Seite stellen. Mit 150 ml Brühe ablöschen und ca. 5–8 Minuten köcheln lassen. Mit Salz, Pfeffer und Paprikapulver würzen und mit einem Pürierstab zerkleinern, nach Belieben noch durch ein feines Haarsieb streichen. Restliche Paprikawürfel wieder zur Sauce geben.

5| Restliches Öl in einer beschichteten Pfanne erhitzen, Kabeljauwürfel darin ca. 3–4 Minuten anbraten und mit der Sauce und dem Reis servieren.

Kabeljau mit gratinierter Kartoffelhaube und gebackenen Tomaten

gelingt leicht

Zutaten für 2 Personen

½ kg mehlig kochende Kartoffeln
2 Kabeljaufilets (à ca. 150 g)
1 EL Zitronensaft
Salz
1 TL Rapsöl (zum Fetten des Blechs)
1 kleines Glas Milch, 1,5 % Fett
1 Ei
1 EL Meerrettich aus dem Glas (ca. 25 g)
Pfeffer
Muskatnuss
200 g Cocktailtomaten
1 TL Olivenöl

Zubereitungszeit
25 Minuten

Garzeit
ca. 45 Minuten

Nährwert pro Portion
506 Kilokalorien/2115 Kilojoule
46 g Eiweiß
15 g Fett
43 g Kohlenhydrate
8 g Ballaststoffe
251 mg Harnsäure

Zubereitung

1| Kartoffeln gründlich waschen und in Salzwasser ca. 20 Minuten garen.

2| Fisch waschen, trocknen, mit Zitronensaft beträufeln und mit Salz würzen. Auf ein leicht gefettetes Backblech geben.

3| Backofen auf 175 °C (Ober- und Unterhitze) vorheizen.

4| Kartoffeln am Ende der Garzeit abschrecken, schälen und durch eine Kartoffelpresse drücken. Milch erwärmen, Ei mit Meerrettich verquirlen und zusammen mit der Milch und Salz, Pfeffer und Muskatnuss unter die Kartoffelmasse mengen. Kartoffelmasse in einen Spritzbeutel mit Sterntülle füllen und spiralförmig auf die vorbereiteten Fischfilets spritzen. Im Ofen ca. 25 Minuten backen.

5| Cocktailtomaten waschen, trocknen, nach der Hälfte der Backzeit zum Fisch auf das Blech geben, mit Olivenöl beträufeln und fertig garen.

Schollenfilets mit gebratenem Radicchio und Knoblauchbrot

etwas teurer

Zutaten für 2 Personen

1 EL Pinienkerne
2 Schollenfilets (à ca. 130 g)
1 EL Zitronensaft
Salz
400 g Radicchio
1 Zwiebel
3 TL Olivenöl
2 Prisen Zucker
Pfeffer
1 EL Balsamico-Essig
4 Scheiben Vollkorntoast
2 Knoblauchzehen

Zubereitungszeit
20 Minuten

Garzeit
ca. 20 Minuten

Nährwert pro Portion
459 Kilokalorien/1917 Kilojoule
37 g Eiweiß
19 g Fett
35 g Kohlenhydrate
8 g Ballaststoffe
267 mg Harnsäure

Zubereitung

1| Pinienkerne in einer beschichteten Pfanne ohne Fettzugabe rösten, bis sie aromatisch zu duften beginnen, herausnehmen und abkühlen lassen.

2| Fischsteaks waschen, trocknen, mit Zitronensaft beträufeln und mit Salz würzen.

3| Radicchio putzen, waschen, in mundgerechte Stücke zerpflücken und gut abtropfen lassen oder in einer Salatschleuder trocken schleudern. Zwiebel schälen und in schmale Spalten schneiden.

4| 1 TL Öl erhitzen und mit Küchenkrepp abgetupfte Fischsteaks bei mittlerer Hitze ca. 6–8 Minuten braten. Fisch herausnehmen und warm stellen.

5| 1 TL Öl zugeben, Zwiebelspalten anbraten, Zucker darüberstreuen und kurz karamellisieren lassen. Radicchio zugeben, mitbraten, zusammenfallen lassen und mit Salz, Pfeffer und Essig würzen. 3–4 Minuten dünsten lassen.

6| Knoblauch schälen, in kleine Würfel schneiden und Toastscheiben halbieren. 1 TL Öl erhitzen, Knoblauch und Toast darin anbraten und mit Fisch und Gemüse servieren.

Tipp
Reduzieren Sie die Harnsäuremenge bei den anderen Mahlzeiten dieses Tages, indem Sie ein harnsäurearmes Frühstück und Abendessen auswählen, z. B. die Frankfurter Brötchen auf Seite 30 und die Kürbis-Zwiebel-Quiche auf Seite 164.

Indische Currygarnelen mit Broccolinudeln

exotisch gewürzt

Zutaten für 2 Personen

60 g Garnelen, TK, geschält und entdarmt
1 Knoblauchzehe
220 g Broccoli
1 EL Olivenöl
150 g Bandnudeln
Salz
1 Zwiebel
Currypulver
Kurkuma
100 g rote Linsen
2 Gläser Gemüsebrühe
Pfeffer
6 EL Naturjoghurt, 1,5 % Fett

Zubereitungszeit
20 Minuten

Garzeit
20 Minuten

Nährwert pro Portion
410 Kilokalorien/1716 Kilojoule
28 g Eiweiß
12 g Fett
67 g Kohlenhydrate
9 g Ballaststoffe
102 mg Harnsäure

Zubereitung

1| Garnelen auftauen und gut abtropfen lassen. Knoblauchzehe schälen und in feine Würfel schneiden.

2| Broccoli putzen, in kleine Röschen teilen, waschen.

3| Nudeln in reichlich Salzwasser al dente garen. 3 Minuten vor Ende der Garzeit Broccoliröschen zu den Nudeln geben, aufkochen und zusammen zu Ende garen. Abgießen und gut abtropfen lassen.

4| Zwiebel schälen und würfeln, Hälfte des Öls erhitzen, Zwiebel darin anbraten, Curry und Kurkuma mitbraten, Linsen zugeben und mit Gemüsebrühe ablöschen. Aufkochen lassen, zugedeckt 5 Minuten kochen lassen.

5| Linsen-Zwiebel-Gemüse mit Pfeffer und Salz würzen und weitere 5 Minuten kochen lassen. Restliches Öl in einer beschichteten Pfanne erhitzen, Garnelen mit Küchenkrepp abtupfen und zusammen mit Knoblauchwürfel im heißen Fett von jeder Seite 1–2 Minuten braten.

6| Joghurt unter Linsen mischen und mit Broccolinudeln und Garnelen servieren.

Tipps und Hinweise
Da Garnelen zu den purinreichen Lebensmitteln gehören, werden sie in diesem Rezept nur sehr sparsam eingesetzt.

Kräuter-Käse-Pfannkuchen mit Kopfsalat

preiswert

Zutaten für 2 Personen

Pfannkuchen
100 g Weizenmehl, Typ 550
1 kleines Glas Milch, 1,5 % Fett (100 ml)
2 Eier
1 Scheiben Emmentaler, 45 % Fett i. Tr. (30 g)
Salz
1 EL Schnittlauchröllchen
1 EL gehackte Petersilie
2 TL Rapsöl

Salat
2 Handvoll Kopfsalat (ca. 100 g)
2 Frühlingszwiebeln
2 EL Naturjoghurt, 1,5 % Fett
1 EL Zitronensaft
Pfeffer

Zubereitungszeit
20 Minuten

Garzeit
ca. 10 Minuten

Ruhezeit
30 Minuten

Zubereitung

1| Aus gesiebtem Mehl, Milch und Eiern einen Pfannkuchenteig herstellen. Käse in schmale Streifen schneiden und mit Salz und vorbereiteten Kräutern unter den Teig mengen. Pfannkuchenteig 30 Minuten ruhen lassen.

2| Salat in der Zwischenzeit putzen, waschen und in mundgerechte Stücke zerpflücken. Gut abtropfen lassen oder in einer Salatschleuder trocken schleudern. Frühlingszwiebeln waschen, putzen und in schmale Ringe schneiden. Aus Joghurt, Zitronensaft sowie Salz und Pfeffer ein Dressing herstellen und Salat vorsichtig damit vermengen.

3| Hälfte des Öls in einer beschichteten Pfanne erhitzen und Hälfte des Teiges darin zu einem Pfannkuchen backen. Aus den restlichen Zutaten einen zweiten Pfannkuchen backen und gemeinsam mit dem Salat servieren.

Nährwert pro Portion
410 Kilokalorien/1714 Kilojoule
21 g Eiweiß
18 g Fett
41 g Kohlenhydrate
4 g Ballaststoffe
36 mg Harnsäure

Jägerspätzle mit Endivien-Orangen-Salat

geht schnell

Zutaten für 2 Personen

250 g Weizenmehl, Typ 550
2 Eier
½ TL Salz
kohlensäurehaltiges Mineralwasser
200 g Champignons
1 Zwiebel
1 Knoblauchzehe
3 dünne Scheiben geräucherter Schinken
1 EL Rapsöl
Pfeffer
2 geh. EL Frischkäse, fettreduziert
2 EL Schnittlauchröllchen

Salat

½ kleiner Kopf Endiviensalat
1 Orange
2 EL Naturjoghurt, 1,5 % Fett
1 EL Schnittlauchröllchen

Zubereitungszeit
30 Minuten

Ruhezeit
30 Minuten

Garzeit
ca. 10 Minuten

Nährwert pro Portion
788 Kilokalorien/3294 Kilojoule
35 g Eiweiß
27 g Fett
100 g Kohlenhydrate
10 g Ballaststoffe
161 mg Harnsäure

Zubereitung

1| Aus Mehl, Eiern, Salz und etwas Mineralwasser mit den Schneebesen des Handrührgerätes einen Spätzleteig herstellen. Wenn der Teig zu fest ist, etwas mehr Mineralwasser zufügen. Teig 30 Minuten ruhen lassen.

2| Pilze mit Küchenkrepp von Erde befreien und in Viertel schneiden. Zwiebel und Knoblauchzehe schälen und fein hacken. Schinken in schmale Streifen schneiden.

3| Reichlich Salzwasser zum Kochen bringen und Teig portionsweise durch eine Spätzlepresse drücken. Spätzle 2–3 Minuten kochen, herausnehmen und gut abtropfen lassen.

4| Endiviensalat putzen, Strunk entfernen und Salat in schmale Streifen schneiden. Gründlich in kaltem Wasser waschen und gut abtropfen lassen bzw. in einer Salatschleuder trocken schleudern.

5| Orange filetieren (Schale mit einem scharfen Messer entfernen, so dass die weiße Haut mit entfernt wird. Orangenfilets mit dem Messer herausschneiden) und austretenden Saft auffangen. Aus Joghurt, Orangensaft, Schnittlauchröllchen sowie Salz und Pfeffer eine Salatsauce herstellen. Mit Salatstreifen und Orangenfilets vorsichtig vermengen.

6| Hälfte des Öls in einer beschichteten Pfanne erhitzen und Zwiebel- und Knoblauchwürfel darin andünsten, Schinkenstreifen und Pilze dazugeben und mit Salz und Pfeffer würzen. Frischkäse einrühren, schmelzen lassen und einige Minuten köcheln lassen.

7| Restliches Öl in einer zweiten beschichteten Pfanne erhitzen und Spätzle darin goldbraun anbraten, Pilzmasse dazugeben, ggf. nochmals abschmecken und mit Schnittlauchröllchen bestreut servieren.

Eier mit Senfsauce und Pellkartoffeln

preiswert

Zutaten für 2 Personen

4 Eier
½ kg Kartoffeln
2 EL Rapsöl
2 EL Weizenmehl, Typ 550 (20 g)
400 ml Milch, 1,5 % Fett
Salz
Pfeffer
2 EL Senf

Zubereitungszeit
25 Minuten

Garzeit
ca. 30 Minuten

Nährwert pro Portion
574 Kilokalorien/2399 Kilojoule
29 g Eiweiß
26 g Fett
55 g Kohlenhydrate
6 g Ballaststoffe
54 mg Harnsäure

Zubereitung

1| Eier hartkochen, pellen und zur Seite stellen.

2| Kartoffeln waschen und in etwas Salzwasser in ca. 20 Minuten garen. Abschrecken und pellen.

3| Öl erhitzen, Mehl darüber stäuben und kurz anschwitzen, unter ständigem Rühren nach und nach Milch angießen, 5 Minuten köcheln lassen. Sauce mit Salz, Pfeffer und Senf würzen und mit Eiern und Kartoffeln servieren.

Ratatouillekuchen mit Tomatensauce

gelingt leicht

Zutaten für 2 Personen

Ratatouillekuchen
2 Zucchini (ca. 200 g)
1 rote Paprikaschote
1 gelbe Paprikaschote
2 Tomaten
1 Zwiebel
1 Knoblauchzehe
1 EL Olivenöl
Salz
Pfeffer
2 Scheiben Gruyère
2 EL Milch, 1,5 % Fett
2 Eier

Sauce
1 TL Olivenöl
1 kleine Dose geschälte Tomaten
getr. italienische Kräuter
1 Prise Zucker
1 Schuss Balsamico-Essig

Zubereitungszeit
45 Minuten

Garzeit
ca. 45 Minuten

Nährwert pro Portion
424 Kilokalorien/1772 Kilojoule
23 g Eiweiß
28 g Fett
19 g Kohlenhydrate
8 g Ballaststoffe
75 mg Harnsäure

Zubereitung

1| Gemüse waschen und putzen. Paprikakerne und Samenwände entfernen, Tomatenstrunk entfernen. Alle Gemüse in mundgerechte Stücke schneiden. Zwiebeln und Knoblauchzehen schälen und in kleine Würfel schneiden.

2| Öl erhitzen, zuerst zwei Drittel der Zwiebel- und Knoblauchwürfel darin goldgelb andünsten. Zucchini- und Paprika zugeben und einige Minuten mitdünsten. Zuletzt Tomaten zugeben und einige Minuten mitköcheln lassen. Gemüse mit Salz und Pfeffer kräftig würzen.

3| Backofen auf 200 °C (Ober- und Unterhitze) vorheizen.

4| Käse in schmale Streifen schneiden, Eier und Milch verquirlen, mit Salz und Pfeffer würzen und Käsestreifen darunter mengen.

5| Zuerst Gemüse und Eier-Käse-Milch, dann die Käsemasse in eine feuerfeste Auflaufform füllen, heißes Wasser in ein tiefes Backblech gießen, Auflaufform hineinstellen und 30 Minuten im heißen Backofen garen.

6| 1 Teelöffel Öl in einem kleinen Topf erhitzen und restliche Zwiebel- und Knoblauchwürfel für die Sauce darin andünsten. Tomaten aus der Dose grob zerkleinern und zugeben, aufkochen lassen. Sauce mit Salz, Pfeffer, Kräutern, Zucker und Essig würzen und nach Belieben mit einem Pürierstab glatt mixen. Sauce mit Ratatouillekuchen servieren.

Kräuterrösti mit Schinken-Rahm-Sauce

preiswert

Zutaten für 2 Personen

Rösti

½ kg Kartoffeln
1 Zwiebel
1 Ei
1 EL Kartoffelmehl bzw. Stärke
Salz
Pfeffer
Muskatnuss
2 EL gehackte gemischte Kräuter (z. B. Petersilie, Dill, Kerbel, Schnittlauch o. ä.)
1 EL Rapsöl

Sauce

2 Scheiben gekochter Schinken
2 TL Rapsöl
4 EL Milch, 1,5 % Fett
2 geh. EL Frischkäse, fettreduziert

Zubereitungszeit

30 Minuten

Garzeit

ca. 20 Minuten

Nährwert pro Portion
527 Kilokalorien/2203 Kilojoule
22 g Eiweiß
25 g Fett
49 g Kohlenhydrate
7 g Ballaststoffe
92 mg Harnsäure

Zubereitung

1| Kartoffeln waschen, schälen und auf einer Gemüsereibe grob raspeln. Gut abtropfen lassen und in einem Geschirrtuch ausdrücken. Zwiebel schälen und in feine Würfel schneiden. Kartoffel, Zwiebel, Ei, Kartoffelmehl, Gewürze und Kräuter in eine Schüssel geben und gut miteinander vermengen.

2| Öl in einer beschichteten Pfanne erhitzen, Kartoffelmasse hinein geben, etwas platt drücken und ca. 5–8 Minuten braten. Pfanne mit einem großen Teller abdecken, Rösti darauf stürzen und zurück in Pfanne gleiten lassen, von der anderen Seite ebenfalls 5–8 Minuten fertig backen.

3| Schinken in schmale Streifen schneiden. Öl in einem kleinen Topf erhitzen, Schinkenstreifen darin kurz andünsten und mit Milch aufgießen. Frischkäse zugeben, schmelzen lassen und mit Salz und Pfeffer würzen. Falls nötig noch etwas Wasser zugeben, Sauce kurz aufkochen lassen und zusammen mit Rösti servieren.

Ofenkartoffel „Förster Art"

braucht etwas mehr Zeit

Zutaten für 2 Personen

2 große Kartoffeln (à 300 g)
2 TL Rapsöl
200 g Ricotta
2 TL abger. Zitronenschale
1 EL Zitronensaft
Salz
Pfeffer
½ Bund Schnittlauch
½ Beet Kresse
200 g gemischte Pilze (z. B. Champignons, Pfifferlinge, Steinpilze o. ä.)
4 Lauchzwiebeln

Zubereitungszeit
20 Minuten

Garzeit
ca. 80 Minuten

Nährwert pro Portion
454 Kilokalorien/1898 Kilojoule
19 g Eiweiß
21 g Fett
46 g Kohlenhydrate
12 g Ballaststoffe
118 mg Harnsäure

Zubereitung

1| Backofen auf 180 °C (Ober- und Unterhitze) vorheizen.

2| Kartoffeln gründlich waschen, mit der Hälfte des Öls bepinseln und Backblech mit Pinsel einfetten. Kartoffeln auf vorbereitetes Blech legen und im vorgeheizten Ofen ca. 75 Minuten backen.

3| Ricotta mit Zitronenschale und -saft vermengen und mit Salz und Pfeffer würzen. Kräuter waschen, trocknen und Schnittlauch in feine Röllchen schneiden. Kresse abschneiden und mit Schnittlauchröllchen unter die Ricottacreme mischen.

4| Pilze vorsichtig putzen, große Pilze halbieren und vierteln. Lauchzwiebeln waschen, putzen und in 1 cm schräge Stücke schneiden.

5| Restliches Öl in einer beschichteten Pfanne erhitzen und die Pilze darin ca. 3 Minuten scharf anbraten, Lauchzwiebeln dazugeben und weitere 2 Minuten bei reduzierter Hitze mitdünsten. Pilzmasse mit Salz und Pfeffer würzen.

6| Kartoffeln in der Mitte aufbrechen und etwas auseinanderdrücken, Ricottacreme und Pilze darauf verteilen und sofort servieren.

Tipps und Hinweise
Wer Kalorien sparen möchte, verwendet anstelle von Ricotta Magerquark und rührt diesen mit einem Schuss kohlensäurehaltigem Mineralwasser glatt.

Spanische Kartoffeltortilla

preisgünstig

Zutaten für 2 Personen

½ kg Kartoffeln
1 mittlere Zwiebel
1 Knoblauchzehe
2 EL Olivenöl
Salz
Pfeffer
2 Eier
4 EL Kondensmilch, 7,5 % Fett
1 EL gehackte Petersilie

Zubereitungszeit
20 Minuten

Garzeit
ca. 50 Minuten

Nährwert pro Portion
456 Kilokalorien/1906 Kilojoule
16 g Eiweiß
24 g Fett
43 g Kohlenhydrate
7 g Ballaststoffe
52 mg Harnsäure

Zubereitung

1| Kartoffeln waschen und zugedeckt in etwas Wasser 20 Minuten kochen. Zwiebel und Knoblauch schälen und in feine Würfel schneiden. Kartoffeln abgießen, kalt abschrecken, schälen und in Scheiben schneiden.

2| 1 EL Öl in einer beschichteten Pfanne erhitzen, Kartoffel darin unter Wenden 6–8 Minuten braten. Mit Salz und Pfeffer würzen und Zwiebel- und Knoblauch kurz mitbraten.

3| Kartoffeln 10 Minuten abkühlen lassen. Eier mit Kondensmilch verquirlen und mit Salz und Pfeffer würzen. Kartoffeln, Eiermilch und Petersilie gut vermischen. (Die Kartoffelscheiben müssen mit Ei überzogen sein.)

4| Im restlichen heißen Öl die flach gedrückte Kartoffelmasse zugedeckt ca. 15 Minuten bei schwacher Hitze stocken lassen. Dabei die Pfanne ab und zu rütteln, damit die Tortilla nicht am Boden festklebt.

5| Sobald die Masse an der Oberfläche zu stocken beginnt, kann die Tortilla gewendet werden. Dafür einen ausreichend großen, flachen Topfdeckel bzw. Teller fest auf die Pfanne drücken und mit Schwung umdrehen.

6| Tortilla mithilfe eines Bratwenders in die Pfanne zurück gleiten lassen, sodass die gebräunte Seite oben ist. Weitere 4–5 Minuten stocken lassen und in Stücke geschnitten servieren.

Spaghetti mit Limettenpesto

raffiniert

Zutaten für 2 Personen

Salz
200 g Spaghetti, eifrei
2 geh. EL Cashewnüsse
1 Limette
1 Knoblauchzehe
½ Bund Minze
½ Bund Petersilie
1 Stück Parmesan (ca. 30 g)
2 EL Olivenöl
Pfeffer

Zubereitungszeit
20 Minuten

Garzeit
ca. 10 Minuten

Nährwert pro Portion
644 Kilokalorien/2692 Kilojoule
20 g Eiweiß
29 g Fett
75 g Kohlenhydrate
6 g Ballaststoffe
65 mg Harnsäure

Zubereitung

1| 1–2 l Salzwasser zum Kochen bringen und Spaghetti darin nach Packungsanweisung al dente garen. 2–3 EL Kochwasser am Ende der Garzeit beiseite stellen.

2| Cashewkerne in einer beschichteten Pfanne ohne Fettzugabe rösten. Herausnehmen und beiseite stellen. Limette heiß waschen, trocknen und die Schale abreiben. Limette auspressen, Knoblauch schälen und fein hacken.

3| Kräuter waschen, trocknen und die Blättchen abzupfen. Parmesan grob reiben. Vorbereitete Pestozutaten in einem Mixer fein pürieren und mit Salz und Pfeffer würzen.

4| Pesto mit 2–3 EL Nudelwasser glatt rühren, abgetropfte, heiße Spaghetti sofort mit dem Pesto verrühren und servieren.

Reisbällchen mit Tomaten-Lauch-Gemüse

preisgünstig

Zutaten für 2 Personen

6 geh. EL Vollkornreis (ca. 120 g)
4 geh. EL Magerquark (ca. 120 g)
2 EL Paniermehl (40 g)
2 EL ger. Parmesan (10 g)
4 Zweige Basilikum
Salz
Pfeffer
2 TL Olivenöl
4 kleine Stangen Lauch (ca. 400 g)
4 kleine Tomaten (ca. 220 g)
2 Knoblauchzehen
2 EL Kondensmilch, 7,5 % Fett

Zubereitungszeit
25 Minuten

Garzeit
50 Minuten

Nährwert pro Portion
480 Kilokalorien/2006 Kilojoule
23 g Eiweiß
11 g Fett
71 g Kohlenhydrate
8 g Ballaststoffe
194 mg Harnsäure

Zubereitung

1| Reis nach Packungsanleitung garen und abkühlen lassen.

2| Den Quark mit dem Paniermehl und dem Parmesankäse unter den Reis mischen. Basilikum waschen, abzupfen, hacken und zusammen mit Salz und Pfeffer unter die Masse mengen.

3| Aus dem Teig sechs kleine Bällchen formen und mit der halben Menge Öl goldbraun anbraten. Bällchen herausnehmen und warm stellen.

4| Den Lauch und die Tomaten waschen und putzen, Lauch in Ringe und Tomaten in große Würfel schneiden. Den Knoblauch schälen und fein würfeln. Im restlichen, heißen Öl die Gemüsestücke anschwitzen und ca. 5 Minuten köcheln lassen.

5| Mit Kondensmilch ablöschen, mit Salz und Pfeffer würzen und zusammen mit den Bällchen servieren.

Möhrenpuffer mit Schafskäse

gelingt leicht

Zutaten für 9–10 Puffer

6 kleine Möhren (ca. 450 g)
2 mittelgroße Kartoffeln (ca. 160 g)
100 g Schafskäse, 45 % Fett i. Tr.
½ Bund Schnittlauch
je 2 Zweige Thymian und Oregano
2 Eier
2 TL Stärke
grob gemahlener Pfeffer
gekörnte Gemüsebrühe
4 EL Olivenöl

Zubereitungszeit
25 Minuten

Nährwert pro Portion
569 Kilokalorien/2378 Kilojoule
20 g Eiweiß
37 g Fett
31 g Kohlenhydrate
60 mg Harnsäure
10 g Ballaststoffe

Zubereitung

1| Die Möhren und Kartoffeln waschen, schälen und fein reiben. Den Schafskäse würfeln und die Kräuter waschen, trockenschwenken und fein hacken.

2| Die geriebenen Möhren und Kartoffeln mit den Eiern und der Stärke verrühren, die Schafskäsewürfel unterheben und die Masse mit Salz, Pfeffer und der gekörnten Brühe abschmecken. Die Kräuter dazugeben und alles gut vermischen.

3| Das Öl in einer beschichteten Pfanne erhitzen. Aus der Masse Puffer formen und in dem heißen Öl ausbacken.

Rosenkohl und Maronen gratiniert mit Karottenrohkost

gelingt leicht

Zutaten für 2 Personen

Gratin

250 g Maronen
300 g Rosenkohl
1 kleine Zwiebel
1 TL Rapsöl
2 EL Zitronensaft
Salz
Pfeffer
Muskatnuss
1 Scheibe Appenzeller, 45 % Fett i. Tr. (30 g)
1 Stück Parmesan, 30 % Fett i. Tr. (ca. 40 g)
1 gut geh. EL Saure Sahne, 10 % Fett (40 g)

Rohkost

2 Karotten (ca. 200 g)
1 TL Walnussöl
1 TL weißer Balsamico-Essig
Salz
Pfeffer
1 TL Senf
1 TL Honig
1 Schuss Orangensaft
1 EL Schnittlauchröllchen

Zubereitungszeit

25 Minuten

Garzeit

ca. 1 Stunde

Zubereitung

1| Maronen mit einem scharfen Messer kreuzweise einschneiden und in 1 l Wasser in ca. 20 Minuten weich garen. Kalt abschrecken und mit dem Messer von der äußeren, harten Schale und dem inneren Häutchen befreien. Rosenkohl waschen, putzen und am Strunk kreuzweise einschneiden. Zwiebel schälen und in feine Würfel schneiden.

2| Öl erhitzen und Zwiebelwürfel darin glasig andünsten, Rosenkohl, 100 ml Wasser, Zitronensaft und Gewürze zugeben und zugedeckt bei mittlerer Hitze 5 Minuten köcheln lassen.

3| Backofen auf 200 °C (Ober- und Unterhitze) vorheizen. Appenzeller in schmale Streifen schneiden, Parmesan reiben.

4| Auflaufform mit Rosenkohl und Maronen befüllen. Etwas Kochwasser vom Rosenkohl mit Saurer Sahne glatt rühren und über das Gemüse gießen. Käse darüberstreuen und im Ofen ca. 25–30 Minuten gratinieren.

5| Karotten waschen, putzen, schälen und auf einer Gemüsereibe grob raspeln. Aus Öl, Essig, Gewürzen, Senf, Honig und Orangensaft ein Dressing herstellen und mit den Karottenrapseln gründlich vermengen. Schnittlauchröllchen darüberstreuen und bis zum Ende der Garzeit des Gratins ziehen lassen.

Nährwert pro Portion
616 Kilokalorien/2575 Kilojoule
27 g Eiweiß
29 g Fett
60 g Kohlenhydrate
21 g Ballaststoffe
122 mg Harnsäure

Abendessen

Angemachter Quark

pikant

Zutaten für 2 Personen

6 geh. EL Magerquark
(ca. 180 g)
2 EL Milch, 1,5 % Fett
1 rote Paprikaschote
Salz
Pfeffer
2 EL Sprossen,
z. B. Radieschen

Zubereitungszeit
10 Minuten

Nährwert pro Portion
99 Kilokalorien/414 Kilojoule
14 g Eiweiß
1 g Fett
8 g Kohlenhydrate
2 g Ballaststoffe
11 mg Harnsäure

Zubereitung

1| Quark und Milch mit einem Schneebesen glatt rühren. Paprikaschote waschen, Kerne und Samenwände entfernen und Paprikahälften in kleine Würfel schneiden.

2| Quark mit Salz und Pfeffer würzen, bis auf 2 EL Paprikawürfel unter den Quark rühren.

3| Sprossen waschen, trocknen und zusammen mit den Paprikawürfeln den Quark damit garnieren.

Frischkäse-Bällchen

preisgünstig

Zutaten für 2 Personen

3 geh. EL Frischkäse, fettreduziert
Salz
Pfeffer
Paprika, edelsüß
¼ rote Paprikaschote
¼ gelbe Paprikaschote
1 EL Mandarinen, Dose
1 TL gehackte Pistazien, ohne Salz

Zubereitungszeit
10 Minuten

Nährwert pro Portion
171 Kilokalorien/715 Kilojoule
7 g Eiweiß
13 g Fett
7 g Kohlenhydrate
2 g Ballaststoffe
8 mg Harnsäure

Zubereitung

1| Frischkäse glatt rühren und mit Salz und Pfeffer abschmecken. Frischkäse nun in zwei Portionen teilen.

2| Paprikaschoten waschen, trocknen, Kerne und Samenwände entfernen nun Paprika in kleine Würfel schneiden. Zwei Drittel der Paprikawürfel unter die eine Hälfte der Frischkäsemasse rühren und mit Paprikapulver abschmecken.

3| Mandarinen abtropfen lassen und unter die zweite Hälfte des Frischkäses rühren.

4| Frischkäse zu Kugeln formen, Paprikafrischkäse mit restlichen Paprikawürfeln und Paprikapulver bestreuen und Mandarinenfrischkäse mit gehackten Pistazien bestreuen.

Tomatenaufstrich

preisgünstig

Zutaten für 2 Personen

2 Tomaten
1 rote Paprikaschote
1 kleine Zwiebel
1 kleine Knoblauchzehe
2 EL Tomatenmark
2 TL gehackte gemischte Kräuter (z. B. Basilikum, Thymian, Rosmarin o. ä.)
Salz
Pfeffer
Cayennepfeffer

Zubereitungszeit
10 Minuten

Nährwert pro Portion
51 Kilokalorien/213 Kilojoule
3 g Eiweiß
1 g Fett
9 g Kohlenhydrate
3 g Ballaststoffe
35 mg Harnsäure

Zubereitung

1| Tomaten und Paprika waschen, trocknen, halbieren, Tomatenstrunk und Paprikakerne und Samenwände entfernen, Tomaten- und Paprikahälften in kleine Würfel schneiden. Zwiebel und Knoblauchzehe schälen und fein hacken.

2| Gemüsewürfel mit dem Tomatenmark, den Kräutern und den Gewürzen vermengen und herzhaft abschmecken.

Rote-Bete-Aufstrich

braucht etwas mehr Zeit

Zutaten für 2 Personen

1 kleine rote Bete
1 Knoblauchzehe
1 geh. EL gehackte Kräuter
Salz
Pfeffer
1 leicht geh. EL Schmand

Zubereitungszeit
10 Minuten

Garzeit
ca. 45–60 Minuten

Kühlzeit
1 Stunde

Nährwert pro Portion
65 Kilokalorien/271 Kilojoule
2 g Eiweiß
4 g Fett
6 g Kohlenhydrate
2 g Ballaststoffe
13 mg Harnsäure

Zubereitung

1| Rote Bete waschen und in wenig Salzwasser ca. 45–60 Minuten weich dünsten. Wasser abgießen und rote Bete etwas abkühlen lassen, schälen (am besten mit Einmalhandschuhen, da Gemüse stark färbt) und in Würfel schneiden.

2| Knoblauchzehe schälen und fein hacken. Rote Bete in ein hohes Gefäß geben, Knoblauch, Kräuter, Gewürze und Schmand zugeben und mit einem Pürierstab fein mixen.

3| Evtl. noch mal abschmecken und ca. 1 Stunde kalt stellen.

Thunfischaufstrich

gut vorzubereiten

Zutaten für 2 Personen

½ Dose Thunfisch in Öl (ca. 110 g)
½ kleine, blaue Zwiebel
1 TL Kapern
2 EL Saure Sahne, 10 % Fett
1 TL Zitronensaft
Salz
Pfeffer

Zubereitungszeit
10 Minuten

Nährwert pro Portion
224 Kilokalorien/936 Kilojoule
11 g Eiweiß
20 g Fett
2 g Kohlenhydrate
0 g Ballaststoffe
67 mg Harnsäure

Tipps und Hinweise
Thunfisch zählt zu den purinreichen Fischsorten, daher sollten Sie diesen Aufstrich mit purinarmen Gerichten kombinieren. Gut geeignet sind zum Beispiel ein vegetarisches Mittagessen oder ein purinarmes Frühstück, wie das Bauernfrühstück auf Seite 26.

Zubereitung

1| Thunfisch gut abtropfen lassen. Zwiebel schälen und in feine Würfel schneiden. Kapern fein hacken.

2| Alle vorbereiteten Zutaten in einer kleinen Schüssel mit der Sauren Sahne und dem Zitronensaft verrühren und mit Salz und Pfeffer kräftig abschmecken.

Gefüllte Gurken

preisgünstig

Zutaten für 2 Personen

2 kleine Gurken (à ca. 200 g)
½ Becher Naturjoghurt, 1,5 % Fett
½ EL Meerrettich aus dem Glas
Salz
Pfeffer
1 Prise Zucker
1 TL Zitronensaft
2 Zweige frischer Dill
½ rote Paprikaschote
80 g Nordseekrabbenfleisch aus dem Glas

Zubereitungszeit
15 Minuten

Nährwert pro Portion
89 Kilokalorien/372 Kilojoule
10 g Eiweiß
2 g Fett
8 g Kohlenhydrate
2 g Ballaststoffe
77 mg Harnsäure

Zubereitung

1| Gurken waschen, putzen, der Länge nach halbieren und Kerne mit einem Löffel herausschaben.

2| Aus Joghurt, Meerrettich, Gewürzen und Zitronensaft ein Dressing herstellen. Dill waschen, trocknen, Blättchen abzupfen und fein hacken.

3| Paprikaschote waschen, putzen und in kleine Würfel schneiden. Zusammen mit dem Krabbenfleisch und dem Dill unter das Dressing mischen. In vorbereitete Gurken füllen und gleich servieren.

Tipps und Hinweise
Krabben zahlen zu den purinreichen Lebensmitteln. Achten Sie bei der Zusammenstellung Ihres Speiseplans daher auf ein purinarmes Frühstück, wie die Bananenpfannkuchen auf Seite 25, und ein vegetarisches Mittagessen, wie die Spanische Kartoffeltortilla auf Seite 140.

Russische Eier

preisgünstig

Zutaten für 2 Personen

4 Eier
3 EL fettreduzierte Mayonnaise (ca. 80 g)
½ TL Paprikapulver, rosenscharf
1 TL Zitronensaft
Salz
Pfeffer
4 geh. EL Kresse
4 Scheiben Vollkorntoastbrot

Zubereitungszeit
10 Minuten

Garzeit
10 Minuten

Nährwert pro Portion
525 Kilokalorien/2195 Kilojoule
21 g Eiweiß
35 g Fett
31 g Kohlenhydrate
4 g Ballaststoffe
68 mg Harnsäure

Zubereitung

1| Eier 10 Minuten hart kochen und mit kaltem Wasser abschrecken. Eier pellen, halbieren, Dotter herausnehmen und in eine kleine Schüssel geben.
2| Mayonnaise, Gewürze und Zitronensaft zugeben und mit dem Dotter verrühren.
3| In einen kleinen Spritzbeutel füllen und die Eierhälften damit füllen, Kresse waschen, trocknen und Eier darauf verteilen.
4| Mit getoastetem Vollkorntoast servieren.

Tipps und Hinweise
Wer das Gericht fettärmer gestalten möchte, verwendet statt Mayonnaise zwei Esslöffel Naturjoghurt, 1,5 % Fett und 2 Esslöffel Saure Sahne. Dies bringt eine Fettersparnis von 18 g.

Toast „Miami"

gelingt leicht

Zutaten für 2 Personen

4 Scheiben Vollkorntoastbrot
2 große Eisbergsalatblätter
1 mittlere Tomate
½ Paprikaschote, gelb
1 Stück Salatgurke (ca. 50 g)
2 EL Naturjoghurt, 1,5 % Fett
1 TL Rapsöl
Salz
Pfeffer
1 EL Schnittlauchröllchen
2 Scheiben Edamer,
45 % Fett i. Tr.
1 EL Frischkäse, fettreduziert

Zubereitungszeit
20 Minuten

Nährwert pro Portion
350 Kilokalorien/1462 Kilojoule
15 g Eiweiß
17 g Fett
32 g Kohlenhydrate
4 g Ballaststoffe
57 mg Harnsäure

Zubereitung

1| Toastscheiben goldgelb toasten und kurz abkühlen lassen.

2| Salatblätter waschen und evtl. putzen. Tomate waschen, halbieren, Strunk entfernen und Tomatenhälften in schmale Scheiben schneiden. Paprikaschote waschen, Strunk, Kerne und Samenwände entfernen und Paprikahälfte in schmale Streifen schneiden. Gurke waschen, putzen und in schmale Scheiben schneiden.

3| Aus Joghurt, Öl, Gewürzen und Schnittlauchröllchen ein Dressing herstellen.

4| Salatblätter auf zwei Toastscheiben verteilen, Gemüse auf den Toastbroten verteilen, Dressing darüber träufeln, mit Käsescheiben belegen. Restliche Toastbrote mit Frischkäse bestreichen und auf die vorbereiteten Toastbrote legen.

Spiegelei-Brot

gelingt leicht

Zutaten für 2 Personen

2 Scheiben Vollkornbrot
1 TL Diätmargarine
2 Scheiben gekochter Schinken
2 Eier
1 TL Rapsöl
Salz
Pfeffer

Zubereitungszeit
5 Minuten

Garzeit
ca. 2 Minuten

Nährwert pro Portion
317 Kilokalorien/1325 Kilojoule
19 g Eiweiß
16 g Fett
23 g Kohlenhydrate
5 g Ballaststoffe
82 mg Harnsäure

Zubereitung

1| Vollkornbrote mit Diätmargarine bestreichen und mit jeweils einer Scheibe Schinken belegen.

2| Öl in einer beschichteten Pfanne erhitzen, Eier in die Pfanne aufschlagen und ca. 2 Minuten braten. Falls Eiweiß noch flüssig ist, Temperatur reduzieren und zugedeckt noch 1–2 Minuten weiter garen.

3| Spiegeleier mit Salz und Pfeffer würzen und vorsichtig auf die Brote verteilen.

Käseschmarrn

preisgünstig

Zutaten für 2 Personen

1 Stück Emmentaler, 45 % Fett i. Tr. (ca. 80 g)
100 g Weizenmehl, Typ 550
Pfeffer
Salz
3 Eier
¼ l Milch, 1,5 % Fett
2 EL Schnittlauchröllchen
1 EL Rapsöl

Zubereitungszeit
15 Minuten

Garzeit
ca. 8 Minuten

Nährwert pro Portion
593 Kilokalorien/2479 Kilojoule
32 g Eiweiß
33 g Fett
42 g Kohlenhydrate
2 g Ballaststoffe
30 mg Harnsäure

Zubereitung

1| Emmentaler reiben und bis auf 1 EL mit dem Mehl, etwas Pfeffer und Salz vermischen.

2| Eier trennen, Eigelbe mit Milch verquirlen und mit der Käse-Mehl-Mischung und den Schnittlauchröllchen vermengen.

3| Eiklar mit 1 Prise Salz steif schlagen und vorsichtig unterheben.

4| Hälfte des Öls in einer beschichteten Pfanne erhitzen, Teig zugeben und 5 Minuten anbacken. Auf einen Teller gleiten lassen, restliches Öl in Pfanne geben und Teig mithilfe des Tellers in die Pfanne stürzen und nochmals 3 Minuten anbacken.

5| Mit einem Pfannenwender (aus Plastik) Schmarrn zerrupfen und mit übrigem Käse bestreut servieren.

Tipps und Hinweise

Servieren Sie dazu unseren knackigen grünen Frühlingssalat. Rezept siehe Seite 159.

Um die Ballaststoffmenge zu steigern, kann die Mehlmenge zur Hälfte durch Vollkorndinkelmehl ersetzt werden.

Frühlingssalat

gelingt leicht

Zutaten für 2 Personen

2 Portionen Blattsalat, z. B. Kopfsalat und Lollo rosso (ca. 80 g)
2 Frühlingszwiebeln
6 Radieschen
1 EL Himbeeressig oder Weißweinessig
1 leicht geh. EL Saure Sahne, 10 % Fett
1 TL Dijonsenf
Salz
Pfeffer
1 Prise Zucker

Zubereitungszeit
15 Minuten

Nährwert pro Portion
41 Kilokalorien/171 Kilojoule
2 g Eiweiß
2 g Fett
3 g Kohlenhydrate
2 g Ballaststoffe
11 mg Harnsäure

Zubereitung

1| Blattsalate waschen, putzen und in mundgerechte Stücke zerpflücken.

2| Frühlingszwiebeln und Radieschen waschen und putzen. Frühlingszwiebeln in schmale Röllchen schneiden, Radieschen in schmale Scheiben schneiden.

3| Aus Essig, Saurer Sahne, Senf und Gewürzen ein Dressing herstellen.

4| Alle Zutaten gut miteinander vermengen und mit dem Dressing beträufelt servieren.

Lachsküchlein

preisgünstig

Zutaten für 2 Personen

½ kg neue Kartoffeln
Salz
100 g Räucherlachs
2 TL gehackte Petersilie
1 Ei
Pfeffer
2 EL Paniermehl
1 EL Rapsöl

Zubereitungszeit
15 Minuten

Garzeit
ca. 40 Minuten

Nährwert pro Portion
347 Kilokalorien/1451 Kilojoule
18 g Eiweiß
15 g Fett
34 g Kohlenhydrate
4 g Ballaststoffe
126 mg Harnsäure

Zubereitung

1| Kartoffeln waschen, schälen, vierteln und in Salzwasser ca. 30 Minuten köcheln lassen, bis sie leicht übergart sind.

2| Kartoffeln abgießen, Lachs in schmale Streifen schneiden und zusammen mit allen Zutaten, außer dem Paniermehl und dem Öl, in eine Schüssel geben. Mithilfe eines Kartoffelstampfers zu einer groben Masse verarbeiten.

3| Mit feuchten Händen Küchlein formen und in das Paniermehl drücken, sodass sie gleichmäßig paniert werden.

4| Öl in einer beschichteten Pfanne erhitzen und die Küchlein darin portionsweise goldbraun anbraten.

Tipps und Hinweise

Servieren Sie zu den Küchlein unseren Sauerrahm-Dip von Seite 108.
Lachs zählt zu den purinreichen Fischsorten, ab und zu darf er aber auf dem Speiseplan stehen! Beachten Sie die Menge und wählen Sie an solchen Tagen ein purinarmes Frühstück und vegetarisches Mittagessen, z. B. die Frankfurter Brötchen auf Seite 40 und die Ofenkartoffel Förster Art auf Seite 148.

Kartoffel-Kürbis-Pflanzerl

preisgünstig

Zutaten für 2 Personen

3 gekochte und durchgedrückte Kartoffeln (ca. 250 g)
1 Stück gekochter und durchgedrückter Kürbis (ca. 250 g)
1½ EL Rapsöl
1 Zwiebel
2 Eier
4 knapp geh. EL Weizenmehl, Typ 550 (ca. 90 g)
¼ TL Backpulver
Salz
Pfeffer
Muskatnuss
Cayennepfeffer
½ Bund Schnittlauch

Zubereitungszeit
15 Minuten

Garzeit
ca. 15 Minuten

Nährwert pro Portion
575 Kilokalorien/2404 Kilojoule
16 g Eiweiß
30 g Fett
58 g Kohlenhydrate
8 g Ballaststoffe
56 mg Harnsäure

Zubereitung

1| Kartoffeln, Kürbis und Hälfte des Öls in der Küchenmaschine zu einer glatten Masse verarbeiten.

2| Zwiebel schälen und fein hacken. Zusammen mit den Eiern zur Kartoffel-Kürbis-Masse geben. Mehl und Backpulver in eine Schüssel sieben, Gewürze und Kartoffel-Kürbis-Masse zugeben und gründlich vermengen.

3| Schnittlauch waschen, trocknen und in feine Röllchen schneiden und unter die Masse mischen.

4| Restliches Öl in einer beschichteten Pfanne portionsweise erhitzen und aus der Masse kleine, goldbraune Pflanzerl (pro Seite ca. 2–3 Minuten) backen.

Winterpasta

preiswert

Zutaten für 2 Personen

100 g Champignons
1 Stück Wirsingkohl (ca. 250 g)
1 kleine Zwiebel
1 kleine Knoblauchzehe
1 EL Rapsöl
Salz
Pfeffer
1 kleines Glas Gemüsebrühe (100 ml)
120 g Bandnudeln
½ Becher Schmand, 24 % Fett

Zubereitungszeit
20 Minuten

Garzeit
ca. 15 Minuten

Nährwert pro Portion
408 Kilokalorien/1705 Kilojoule
15 g Eiweiß
17 g Fett
48 g Kohlenhydrate
8 g Ballaststoffe
128 mg Harnsäure

Zubereitung

1| Champignons putzen, mit Küchenkrepp evtl. vorhandenen Schmutz abreiben, Pilze vierteln. Vom Wirsing den Strunk entfernen und Wirsing in schmale Streifen schneiden.
2| Zwiebel und Knoblauchzehe schälen und fein hacken.
3| Öl in einer beschichteten Pfanne erhitzen, Zwiebel- und Knoblauchwürfel darin glasig andünsten, Wirsing und Pilze zugeben, mit Salz und Pfeffer kräftig abschmecken und mit Brühe ablöschen. Zugedeckt ca. 10 Minuten schmoren lassen.
4| Inzwischen Nudeln nach Packungsanleitung al dente garen.
5| Schmand zum Wirsing geben, Nudeln abgießen und ebenfalls unter das Wirsinggemüse mengen. Evtl. nochmals nachwürzen.

Kürbis-Zwiebel-Quiche

gelingt leicht

Zutaten für 12 Stücke

250 g Weizenmehl, Typ 550
80 ml Rapsöl, ½ TL Rapsöl zum Fetten des Blechs
Salz
100 g Frischkäse, fettreduziert
1 Eigelb
½ kleiner Hokkaidokürbis (ca. 450 g)
2 Zwiebeln
1 EL Kürbiskernöl
Pfeffer
2 EL fein gehackte Petersilie
4 Eier
2 kleine Gläser Milch, 1,5 % Fett (200 ml)
2 TL Senf
1 Stück Emmentaler, 45 % Fett i. Tr. (ca. 30 g)

Zubereitungszeit
25 Minuten

Kühlzeit
1 Stunde

Garzeit
35 Minuten

Ein Stück enthält
233 Kilokalorien/977 Kilojoule
8 g Eiweiß
14 g Fett
18 g Kohlenhydrate
1 g Ballaststoffe
15 mg Harnsäure

Zubereitung

1| Mehl, 80 ml Öl, 1 Prise Salz, Frischkäse und Eigelb zu einem glatten Teig verkneten. In Folie gewickelt 1 Stunde im Kühlschrank ruhen lassen.

2| Kürbis waschen, Kerne entfernen und Fruchtfleisch mit Schale grob raspeln. Zwiebeln schälen und in kleine Würfel schneiden. Kürbiskernöl in einer beschichteten Pfanne erhitzen und Zwiebelwürfel darin glasig andünsten. Kürbisraspel zugeben und kurz mitdünsten. Mit Salz, Pfeffer und Petersilie würzen und herausnehmen.

3| Backofen auf 200 °C (Ober- und Unterhitze) vorheizen.

4| Eine Quicheform bzw. Springform (Ø 26 cm) und mit dem 1/2 Teelöffel Öl ausfetten. Teig auf einer mit etwas Mehl bestäubten Arbeitsfläche dünn ausrollen und in die Form legen. Rand etwas andrücken. Kürbis-Zwiebel-Mischung auf dem Teig verteilen.

5| Eier, Milch und Senf verquirlen, mit Salz und Pfeffer kräftig abschmecken und über die Kürbis-Mischung gießen.

6| Emmentaler fein reiben und über die Quiche streuen. Im Ofen ca. 30 Minuten backen.

Spaghetti-Pizza Margherita

gelingt leicht

Zutaten für 2 Personen

120 g Spaghetti, eifrei
Salz
2 Stiele Basilikum
2 Frühlingszwiebeln
2 Tomaten
½ Kugel Mozzarella (ca. 60 g)
1 Stück Gouda (ca. 40 g)
120 ml Milch, 1,5 % Fett
2 Eier
Pfeffer
1 TL Olivenöl (für die Form)
1 TL getr. Thymian

Zubereitungszeit
25 Minuten

Garzeit
ca. 40 Minuten

Nährwert pro Portion
520 Kilokalorien/2174 Kilojoule
29 g Eiweiß
23 g Fett
47 g Kohlenhydrate
4 g Ballaststoffe
53 mg Harnsäure

Zubereitung

1| Spaghetti in reichlich Salzwasser nach Packungsanleitung al dente kochen.

2| Basilikum waschen, trocknen und in schmale Streifen schneiden. Frühlingszwiebeln waschen, putzen und in schmale Ringe schneiden. Tomaten waschen, trocknen, Strunk herausschneiden und Tomatenhälften in schmale Scheiben schneiden. Mozzarella abtropfen lassen und in Scheiben schneiden. Gouda reiben.

3| Backofen auf 200 °C (Ober- und Unterhitze) vorheizen.

4| Milch und Eier kräftig miteinander verschlagen und mit Salz und Pfeffer würzen. Geriebenen Gouda unterrühren. Spaghetti abgießen. Eine feuerfeste Form mit dem Öl einfetten und Spaghetti darin verteilen.

5| Eiermilch darübergießen, Frühlingszwiebel, Basilikum, Tomaten und Mozzarella darauf verteilen. Mit Thymian bestreuen und im heißen Ofen ca. 30 Minuten backen.

Hinweis
Um mehr Ballaststoffe aufzunehmen, verwenden Sie Vollkornspaghetti.

Gebäck und Desserts

Käse-Scones

geht schnell

Zutaten für ca. 15 Stück

250 g Weizenmehl, Typ 550
1 Pck. Backpulver
80 g Butter oder Diätmargarine
1 kleines Glas Milch, 1,5 % Fett (100 ml)
Salz
Pfeffer
150 g geriebener Edamer, 30 % Fett i. Tr.
1 El gehackte Petersilie

Zubereitungszeit
15 Minuten

Backzeit
ca. 15 Minuten

Ein Scone enthält
125 Kilokalorien/523 Kilojoule
5 g Eiweiß
6 g Fett
13 g Kohlenhydrate
1 g Ballaststoffe
8 mg Harnsäure

Zubereitung

1| Mehl mit Backpulver mischen. Butter bzw. Diätmargarine, Milch, Salz und Pfeffer zugeben und schnell zu einem Teig kneten. Käse und Petersilie unterkneten.

2| Backofen auf 200 °C (Ober- und Unterhitze) vorheizen.

3| Teig auf einer bemehlten Fläche 2 cm dick ausrollen. Mit einem runden Ausstecher (4 cm Ø) Scones ausstechen.

4| Ein Backblech mit Backpapier auslegen, Scones darauf setzen und mit Milch bestreichen. Im Ofen 15 Minuten backen.

Zwiebel-Schinken-Muffins

gelingt leicht

Zutaten für ca. 12 Stück

150 g gekochter Schinken
1 Knoblauchzehe
1 Zwiebel
2 Bund Schnittlauch
100 g Vollkornweizenmehl
100 g Weizenmehl, Typ 405
2½ TL Backpulver
½ TL Natron
½ TL Salz
¼ TL Pfeffer
½ TL Paprika
125 g ger. Emmentaler, 45 % Fett i. Tr.
1 Ei
60 ml Rapsöl
¼ l Buttermilch

Zum Bestreuen

50 g ger. Emmentaler, 45 % Fett i. Tr.

Zubereitungszeit

30 Minuten

Backzeit

ca. 25 Minuten

Ein Muffin enthält
208 Kilokalorien/870 Kilojoule
12 g Eiweiß
12 g Fett
32 g Kohlenhydrate
2 g Ballaststoffe
32 mg Harnsäure

Zubereitung

1| Backofen auf 180 °C (Ober- und Unterhitze) vorheizen. 12 Papierförmchen auf ein Backblech verteilen.

2| Schinken in kleine Würfel schneiden. Knoblauchzehe und Zwiebel schälen und fein würfeln. Schnittlauch waschen, trocknen und in Röllchen schneiden.

3| Beide Mehlsorten in einer Schüssel mischen und mit Backpulver, Natron, Salz, Pfeffer, Paprika, Knoblauch, Zwiebel, Schnittlauch, Käse und Schinken vermischen.

4| Ei in einer anderen Schüssel leicht verquirlen, das Öl und die Buttermilch dazugeben und gut verrühren. Die Mehlmischung hinzufügen und kurz verrühren.

5| Teig in die Papierförmchen füllen und mit Käse bestreuen. Im heißen Ofen 20–25 Minuten backen, die Muffins 5–10 Minuten im Ofen ruhen lassen.

Käse-Lauch-Kuchen

gelingt leicht

Zutaten für ca. 20 Stück

Belag
1¼ kg Lauch
Salz
125 g Gorgonzola
200 g Saure Sahne
4 Eier
Pfeffer

Teig
250 g Magerquark
80 ml Rapsöl
150 ml Milch, 1,5 % Fett
400 g Weizenmehl, Typ 550
2 TL Backpulver

Zubereitungszeit
30 Minuten

Garzeit
ca. 5 Minuten

Backzeit
ca. 35 Minuten

Ein Stück enthält
181 Kilokalorien/758 Kilojoule
8 g Eiweiß
9 g Fett
17 g Kohlenhydrate
2 g Ballaststoffe
35 mg Harnsäure

Zubereitung

1| Lauch putzen, der Länge nach halbieren, gründlich unter fließendem, kaltem Wasser waschen und in 10 cm lange Stücke schneiden. Nebeneinander in einen Topf legen, in 200 ml leicht gesalzenem Wasser 4–5 Minuten köcheln lassen. Mit einer Schaumkelle herausnehmen, abtropfen lassen und mit einem Küchenkrepp abtupfen.

2| Gorgonzola in kleine Stücke schneiden, in ein hohes Gefäß geben, Saure Sahne, 2 Eier, Salz und Pfeffer zugeben und mit einem Pürierstab glatt mixen.

3| Eine runde Backform mit etwas Öl einfetten und den Backofen auf 190 °C (Ober- und Unterhitze) vorheizen.

4| Quark, Öl, Salz, 2 Eier und Milch in eine Schüssel geben und verrühren. Mehl und Backpulver darüber sieben und unterrühren.

5| Teig auf das Blech geben und gleichmäßig verteilen. Lauchstangen nebeneinander auf den Teig legen, Gorgonzolamasse darübergießen und im heißen Ofen ca. 35 Minuten backen.

Variation
Anstelle von Lauch können Sie Karotten oder Zucchini verwenden. Lecker schmeckt der Kuchen auch, wenn Sie einfach verschiedene Gemüse kombinieren.

Zucchini-Quiche

braucht etwas mehr Zeit

Zutaten für 8 Stücke

Teig
200 g Weizenmehl, Typ 550, etwas Mehl zum Ausrollen des Teiges
1 Prise Salz
100 g kalte Diätmargarine, etwas Diätmargarine zum Fetten der Form
75 ml Wasser

Füllung
600 g Zucchini
4 Knoblauchzehen
1 EL Olivenöl
Salz
Pfeffer
4 Eier
100 g ger. Emmentaler
2 EL Schnittlauchröllchen
1 geh. EL Weizenmehl, Typ 550
¼ l Milch, 1,5 % Fett

Zubereitungszeit
40 Minuten

Ruhezeit
mind. 4 Stunden

Backzeit
ca. 35 Minuten

Ein Stück enthält
325 Kilokalorien/1358 Kilojoule
13 g Eiweiß
21 g Fett
22 g Kohlenhydrate
2 g Ballaststoffe
29 mg Harnsäure

Zubereitung

1| Mehl auf eine Arbeitsplatte sieben, Salz darüberstreuen und die kalte Margarine in Stückchen darauf verteilen. Alle Zutaten klein hacken, mischen und mit den Händen rasch zusammenkneten. In die Mitte der Masse eine kleine Mulde drücken, das Wasser hinein geben und rasch unter den Teig kneten. Den Teig zur Kugel formen, in Folie wickeln und 2 Stunden kaltstellen.

2| Den Teig auf einer leicht bemehlten Arbeitsfläche dünn zu einem Kreis von ca. 32 cm Ø ausrollen. Eine Spring- oder Quicheform (Ø 28 cm) mit etwas Diätmargarine ausfetten, den Boden und den Rand der Form mit dem Teig auslegen.

3| Teigrand andrücken, mit einem Küchentuch abdecken und weitere 2 Stunden in den Kühlschrank stellen. Den Backofen auf 250 °C (Ober- und Unterhitze) vorheizen.

4| Zucchini waschen, trocknen, putzen und in ca. 3 cm große Würfel schneiden. Knoblauchzehen in schmale Blättchen schneiden. Öl in einer beschichteten Pfanne erhitzen, Knoblauch darin anbraten, Zucchiniwürfel zugeben und kräftig anbraten, mit Salz und Pfeffer herzhaft abschmecken.

5| Teigboden mit einer Gabel mehrmals einstechen. 1 Ei in Eigelb und Eiklar trennen, Teigboden mit wenig Eiklar bestreichen. Zucchini darauf verteilen und den Käse und den Schnittlauch darüberstreuen.

6| Mehl in etwas Milch anrühren, restliches Eiklar, Eigelb, übrige Eier und Milch mit dem angerührten Mehl verquirlen und mit Salz und Pfeffer abschmecken. Eiermilch über die Zucchini gießen.

7| Quiche im Ofen 25–30 Minuten backen.

Käsekuchen

für Gäste

Zutaten für 12 Stücke

4 Eier
125 g Diätmargarine
100 g Zucker
1 Päckchen Vanillezucker
1 Zitrone
1 kg Schichtkäse
4 EL Milch, 1,5 % Fett
1 Prise Salz
6 EL Grieß (ca. 70 g)
½ TL Sonnenblumenöl
2 EL Semmelbrösel

Zubereitungszeit
30 Minuten

Backzeit
50 Minuten

Ein Stück enthält
285 Kilokalorien/1191 Kilojoule
14 g Eiweiß
15 g Fett
20 g Kohlenhydrate
0 g Ballaststoffe
11 mg Harnsäure

Zubereitung

1| Die Eier trennen. Die zimmerwarme Diätmargarine mit den Eigelben mit dem Handrührgerät ca. 2 Minuten schaumig rühren. Den Zucker sowie den Vanillezucker dabei nach und nach zugeben. Den Saft und die abgeriebene Schale der Zitrone, den Schichtkäse, die Milch und das Salz unterrühren.

2| Die Eiweiße steif schlagen und auf die Quarkmasse geben. Den Grieß darüberstreuen und alles vorsichtig mit einem Schneebesen unterheben.

3| Den Backofen auf 200 °C (Ober- und Unterhitze) vorheizen. Eine Springform (Ø 28 cm) mit dem Öl auspinseln und den Semmelbröseln ausstreuen.

4| Den Kuchenteig einfüllen und im vorgeheizten Backofen ungefähr 50 Minuten backen.

Tipps und Hinweise
Anstelle üppiger Sahne schmeckt auch eine lauwarme Vanillesauce sehr gut zu diesem Kuchen. Nach Belieben können Sie dem Kuchenteig noch Rosinen und Mandelstifte zufügen.

Bratapfelspeise

preisgünstig

Zutaten für 2 Personen

2 kleine Äpfel
1 EL Zitronensaft
4 EL Apfelsaft
4 geh. EL Magerquark
1 geh. EL Rosinen
1 EL gehobelte Mandeln
4 EL Naturjoghurt, 1,5 % Fett
Zimt

Zubereitungszeit
10 Minuten

Garzeit
ca. 5 Minuten

Nährwert pro Portion
204 Kilokalorien/853 Kilojoule
11 g Eiweiß
4 g Fett
29 g Kohlenhydrate
4 g Ballaststoffe
38 mg Harnsäure

Zubereitung

1| Äpfel waschen, halbieren, Kerngehäuse und Strunk herausschneiden und Apfelhälften in Würfel schneiden. Apfelwürfel sofort mit Zitronensaft beträufeln. Apfelsaft zum Kochen bringen und Apfelwürfel darin ca. 5 Minuten köcheln lassen, bis sie weich sind.

2| Quark und Joghurt mit einem Schneebesen glatt rühren, mit etwas Zimt würzen und Rosinen, Mandeln und gedünstete Apfelwürfel samt Saft unter den Quark rühren.

Variation
Ebenso lecker schmeckt auch Birne als Obst in diesem herbstlichen Dessert. Um das Aroma der Mandeln noch zu verstärken, rösten Sie die Mandelstücke in einer beschichteten Pfanne an. Es eignen sich auch Walnüsse, Haselnüsse oder Pinienkerne.
Servieren Sie dazu unsere Zimtkirschen von Seite 176.

Zimtkirschen

geht schnell

Zutaten für 2 Personen

½ Glas Sauerkirschen (ca. 360 ml)
1 leicht geh. EL Stärke
½ EL Honig
Zimt

Zubereitungszeit
5 Minuten

Garzeit
ca. 3 Minuten

Auskühlzeit
ca. 1 Stunde

Nährwert pro Portion
185 Kilokalorien/773 Kilojoule
1 g Eiweiß
1 g Fett
41 g Kohlenhydrate
2 g Ballaststoffe
23 mg Harnsäure

Zubereitung

1| Kirschen abtropfen lassen, Saft dabei auffangen. 2 EL Saft mit Stärke glatt rühren.

2| Restlichen Saft mit Honig und Zimt aufkochen lassen. Angerührte Stärke zugeben und mind. 1 Minute sprudelnd kochen lassen. Kirschen untermengen und auskühlen lassen.

Melonendessert mit Pistazienhonig

geht schnell

Zutaten für 2 Personen

1 EL Pistazien
1 EL Akazienhonig
½ kleine Melone
2 EL Milch, 1,5 % Fett
2 Becher Naturjoghurt, 1,5 % Fett

Zubereitungszeit
10 Minuten

Nährwert pro Portion
184 Kilokalorien/767 Kilojoule
7 g Eiweiß
5 g Fett
27 g Kohlenhydrate
1 g Ballaststoffe
20 mg Harnsäure

Zubereitung

1| Pistazien grob hacken und mit dem Honig verrühren.

2| Melone schälen, Kerne entfernen, Fruchtfleisch in Würfel schneiden. Hälfte der Melonenstücke und Milch mit einem Pürierstab fein mixen. Joghurt und Melonenpüree verrühren, Melonenstücke unterheben und mit Pistazienhonig beträufelt servieren.

Zitronen-Joghurt-Creme

gut vorzubereiten

Zutaten für 2 Personen

2 Blatt weiße Gelatine
1 Bio-Zitrone
2 frische Eier, 1 Eiweiß
2 leicht geh. EL Zucker (45 g)
1 Becher Naturjoghurt, 1,5 % Fett

Zubereitungszeit
20 Minuten

Einweichzeit
10 Minuten

Auskühlzeit
mind. 2 Stunden 10 Minuten

Nährwert pro Portion
242 Kilokalorien/1012 Kilojoule
13 g Eiweiß
8 g Fett
27 g Kohlenhydrate
0 g Ballaststoffe
9 mg Harnsäure

Zubereitung

1| Gelatine in kaltem Wasser 10 Minuten einweichen. Zitrone heiß abwaschen und abtrocknen. Schale mit einer Gemüsereibe abreiben und Zitrone auspressen.

2| Eier trennen. Eigelb mit Zucker schaumig aufschlagen, Zitronensaft und abgeriebene Schale unterrühren. Gelatine ausdrücken und bei schwacher Hitze auflösen. 1–2 EL Zitronencreme unterrühren, dann den Rest der Creme einrühren. 5–10 Minuten kalt stellen, bis die Creme zu gelieren beginnt.

3| Eiweiß steif schlagen, Joghurt glatt rühren und unter die Creme rühren. Eiweiß unterheben und mind. 2 Stunden kalt stellen.

Krokantpudding

gelingt leicht

Zutaten für 2 Personen

½ Pck. Vanillepuddingpulver
¼ l Milch, 1,5 % Fett
2 leicht geh. EL Zucker
1 leicht geh. EL Haselnuss-krokant (ca. 20 g)

Zubereitungszeit
10 Minuten

Garzeit
ca. 4 Minuten

Auskühlzeit
mind. 3 Stunden

Nährwert pro Portion
225 Kilokalorien/941 Kilojoule
5 g Eiweiß
3 g Fett
44 g Kohlenhydrate
0 g Ballaststoffe
1 mg Harnsäure

Zubereitung

1| Puddingpulver mit 2 EL Milch und Zucker glatt rühren. Restliche Milch aufkochen lassen, angerührtes Puddingpulver einrühren und unter Rühren mind. 1 Minute sprudelnd kochen lassen.

2| Krokant unter den Pudding rühren und Pudding in zwei kalt ausgespülte Puddingförmchen oder kleine Tassen (à ca. ⅛ l Inhalt) füllen. Pudding abkühlen lassen und mind. 3 Stunden kalt stellen.

3| Pudding mit einem spitzen Messer vom Rand lösen und auf kleine Teller stürzen.

Tipps und Hinweise
Servieren Sie dazu unsere Karamell-Orangen-Sauce von Seite 180.

Karamellschnitten mit heißen Sauerkirschen

gelingt leicht

Zutaten für 2 Personen

½ Glas Sauerkirschen (ca. 185 ml)
3 gestr. TL Vanillesaucen-Pulver
2 EL Zucker
3 Scheiben Vollkorntoastbrot
1 EL Rapsöl

Zubereitungszeit
15 Minuten

Garzeit
ca. 5 Minuten

Nährwert pro Portion
355 Kilokalorien/1484 Kilojoule
4 g Eiweiß
10 g Fett
61 g Kohlenhydrate
3 g Ballaststoffe
45 mg Harnsäure

Zubereitung

1| Kirschen in einem Sieb abtropfen lassen, den Saft dabei auffangen. 1 EL Saft abnehmen und mit Saucenpulver und 1/2 EL Zucker glatt rühren. Restlichen Saft aufkochen lassen, angerührtes Saucenpulver einrühren und mind. 1 Minute köcheln lassen.
Kirschen unterheben und zugedeckt auf dem ausgeschalteten Herd warm halten.

2| Toastbrote halbieren, Öl erhitzen und Toastscheiben darin knusprig anbraten.
Mit restlichem Zucker bestreuen und unter Wenden karamellisieren lassen. Mit heißen Kirschen servieren.

Rosinenbrötchen mit Zimt und Zucker

braucht etwas mehr Zeit

Zutaten für ca. 12 Stück

75 g Rosinen
einige Tropfen Rumaroma
1 Glas (200 ml) und 1 EL Milch, 1,5 % Fett
2 EL, 75 g, 75 g Zucker
1 Würfel frische Hefe (42 g)
500 g und etwas Weizenmehl, Typ 550
75 g, 50 g weiche Butter bzw. Diätmargarine
Salz
2 EL Zimt
1 Eigelb

Zubereitungszeit
40 Minuten

Gehzeit
1 Stunde 20 Minuten

Backzeit
10–15 Minuten

Ein Brötchen enthält
323 Kilokalorien/1348 Kilojoule
7 g Eiweiß
10 g Fett
51 g Kohlenhydrate
2 g Ballaststoffe
66 mg Harnsäure

Zubereitung

1| Rosinen im Rumaroma marinieren.

2| 100 ml Milch und 2 EL Zucker erwärmen, Hefe hineinbröckeln und unter Rühren auflösen. 500 g Mehl in eine Schüssel geben, in die Mitte eine Mulde drücken. Hefemilch hineingießen, mit etwas Mehl zum Vorteig verrühren.

3| Zugedeckt an einem warmen Ort ca. 20 Minuten gehen lassen.

4| 100 ml Milch erwärmen, mit 75 g Butter oder Diätmargarine in Flocken, 75 g Zucker und 1 Prise Salz zum Vorteig geben. Mit den Knethacken des Handrührgerätes zum glatten Teig verarbeiten. Zugedeckt ca. 40 Minuten gehen lassen.

5| 75 g Zucker und Zimt mischen. Teig auf etwas Mehl zu einem Rechteck (ca. 35 x 50 cm) ausrollen. Teigplatte mit 50 g Butter oder Diätmargarine bestreichen und gleichmäßig mit Zimtzucker, bis auf 2 EL, bestreuen.

6| Backofen auf 200 °C (Ober- und Unterhitze) vorheizen.

7| Rosinen auf dem Teig verteilen. Teigplatte von der Längsseite her aufrollen, die Nahtseite nach unten legen und die Rolle in 3–4 cm breite Scheiben schneiden.

8| Auf ein mit Backpapier belegtes Blech setzen und nochmals ca. 20 Minuten gehen lassen.

9| Eigelb und 1 EL Milch verquirlen, Brötchen damit bestreichen und mit dem restlichen Zimtzucker bestreuen. Im heißen Ofen 10–15 Minuten backen, vor dem Verzehr etwas abkühlen lassen.

Bananenkuchen „Birgit"

gelingt leicht

Zutaten für ca. 20 Stück

250 g Diätmargarine
200 g Zucker
3 Eier
2 Vanillezucker
1 EL Kakao
je 1 TL Zimt, Lebkuchengewürz und Natron
75 g gem. Nüsse
3 reife Bananen
300 g Weizenmehl, Typ 550
1 Pck. Backpulver

Zubereitungszeit
20 Minuten

Backzeit
ca. 1 Stunde

Zubereitung

1| Eine Kastenform (Länge 30 cm) mit etwas von der Margarine ausfetten.

2| Margarine und Zucker schaumig schlagen, Eier nach und nach zugeben, Vanillezucker, Kakao, Gewürze, Nüsse und zerdrückte Bananen unterrühren.

3| Den Backofen auf 175 °C (Ober- und Unterhitze) vorheizen.

4| Mehl und Backpulver mischen und kurz unter den Teig arbeiten.

5| Teig in Form geben und ca. 1 Stunde im heißen Ofen backen.

Ein Stück enthält
233 Kilokalorien/976 Kilojoule
4 g Eiweiß
13 g Fett
25 g Kohlenhydrate
1 g Ballaststoffe
13 mg Harnsäure

Kirsch-Pudding-Streusel-Kuchen

gut vorzubereiten

Zutaten für 1 Blech (ca. 25 Stücke)

Teig
375 g Diätmargarine
500 g Weizenmehl, Typ 550
200 g Zucker
1 Messerspitze Zimt
1 Prise Salz
50 g gem. Mandeln

Belag
2 Gläser Sauerkirschen
¼ l Milch, 1,5 % Fett
250 g Schmand
1 Pck. Vanillezucker
1 Pck. Vanillepuddingpulver

Zubereitungszeit
30 Minuten

Backzeit
ca. 40 Minuten

Ein Stück enthält
311 Kilokalorien/1299 Kilojoule
4 g Eiweiß
16 g Fett
38 g Kohlenhydrate
2 g Ballaststoffe
18 mg Harnsäure

Zubereitung

1| Margarine schmelzen, etwas Margarine zum Fetten eines Backbleches verwenden.

2| Restliche Margarine, Mehl, 150 g Zucker, Zimt, Salz und Mandeln vermengen. Hälfte des Teiges auf das Blech drücken.

3| Kirschen gut abtropfen lassen, Backofen auf 200 °C (Ober- und Unterhitze) vorheizen.

4| 2 EL Milch zur Seite stellen, restliche Milch, Schmand und Vanillezucker zum Kochen bringen. Vanilllepuddingpulver mit restlichem Zucker verrühren, 2 EL Milch zugeben und Puddingpulver damit glatt rühren. Sobald Milch kocht, angerührtes Puddingpulver zugießen und mind. 1 Minute kochen lassen.

5| Pudding auf Blech verteilen, abgetropfte Kirschen auf Pudding verteilen und restlichen Teig darüber streuseln.

6| Im heißen Ofen 40 Minuten backen.

Rezepttregister

Frühstücksleckereien

Vorspeisen

Salate und Snacks

Suppen

Saucen, Dips und Dressings

Hauptgerichte

Hauptgerichte mit Fleisch oder Geflügel

Hauptgerichte mit Fisch

Hauptgerichte mit Ei

Vegetarische Hauptgerichte

Abendessen

Desserts und Gebäck

Rat und Tat

Wichtige Adressen

Deutsche Gesellschaft für Ernährung (DGE) e. V.
Godesberger Allee 18
53175 Bonn
Tel. 0228 3776600
www.dge.de

Bundeszentrale für gesundheitliche Aufklärung (BZgA)
Ostmerheimer Straße 220
51109 Köln
Tel. 0221 89920
www.bzga.de

Deutsche Rheuma-Liga Bundesverband e. V.
Maximilianstraße 14
53111 Bonn
Tel. 0228 766060
www.rheuma-liga.de

Ernährungsinformationen im Internet

http://gicht.gesund.org
Das Portal rund um die Gicht

www.gichtliga.de
Das Internetportal der Deutschen Gichtliga mit vielen hilfreichen Tipps und dem kostenlosen Ysatpurinrechner

www.medizinfo.de/rheuma/purine/tabellen.htm
Lebensmitteltabellen für Purine und Harnsäure

www.ernaehrung-und-bewegung.de
Internetseite der Plattform Ernährung und Bewegung (PEP) e. V., Informationen über gesunde Gewichtsreduktion

Autoreninfo

Bestsellerautor **Sven-David Müller** gehört zu den bekanntesten Ernährungs- und Diätexperten im deutschsprachigen Raum. Mehr als 100 Gesundheitsratgeber, die in zwölf Sprachen und einer Gesamtauflage von mehr als vier Millionen Exemplaren erschienen sind, stammen aus seiner Feder. Er ist Träger des Bundesverdienstkreuzes und des Ehrenkreuzes erster Klasse für Kunst und Wissenschaft der Albert Schweitzer Gesellschaft. Diese Auszeichnungen erhielt er für seine besonderen Verdienste um die Volksgesundheit, insbesondere im Bereich Ernährungsaufklärung.

Christiane Weißenberger arbeitet als Diät- und Diabetesassistentin in Würzburg. Gemeinsam mit Sven-David Müller hat die zweifache Mutter bereits viele Ernährungsratgeber veröffentlicht und sich auf die Entwicklung neuer Rezepte spezialisiert.